刺蝟女孩

張閔筑／著

suncolor
三采文化

在尋覓愛情的路上受傷，
是不分性別的。
請不要自責，
也別從此憎恨另一個性別的所有人。
再給自己一次機會，
凝視傷口，
重新擁抱希望。

「我唯一需要的是你，相信我。」——李翊姍

推薦序

那樣的恐怖是文明之前的事：讀《刺蝟女孩》

——徐珮芬

「我握著他的欲望，親自放進我的懦弱。」

即便時間一直把我們往前推，身體仍可惡地記得那些細節：湊上來的嘴唇帶來的陌生菸味、透過窗戶照亮房間的微弱月光——有隻落單的螞蟻，爬過牆面上的裂縫。

她驚訝於自己的感知變得如此敏銳，那時她還不知道：自己將有一部分遺落在那個房間。

闔上筆電我覺得呼吸有點困難。不知為何想起前陣子鬧得沸沸湯湯的議題：網紅們惡整用交友軟體約出來的女孩，從櫃子蹦出來對剛洗完澡裹著浴巾的她砸奶油派，並且用隱藏攝影機從旁記錄這一切，放上網路作為娛樂：「我們要『教育』。」他們使用的是這個動詞。

我們是如此脆弱無助，以至於必須為眼見所及的事物命名，同時瘋狂創造所謂的常理與規範，才有可能活得比較安心。在這個男追女隔層紗女追男隔層山的文化中，一個真正條件優秀的女孩，怎麼可能會需要打開交友軟體索愛？在妳跟著他走進房間的那一刻，就是擺明了妳樂意接受一切；不懂得說不的女孩既迷人又下賤，借來當肉便器何樂而不為，但絕不會是所謂的「結婚對象」。

「我想到我的病。五千四百九十七顆彩色藥丸。」

人類何其軟弱，並且因軟弱而迷人。

軟弱並不可恥，要先敢摘下矇眼布，看到前方的坎，才有可能想到跨越的方法。

刺蝟女孩曾經掉到不見天日的深淵裡面，那應該是一個沒有紙和筆的地方。那樣的恐怖是文明之前的事，是槍砲、核武與科技都無法摧毀的東西。那是神創造我們時，為我們安排的惡戲。這精美的設計讓世界多采多姿，讓我們在一個人的夜裏痛苦不堪；在節慶時感到徬徨無依，學會說謊來掩飾自己的慾望，在該說謊保護他人的時候，懂得用誠實當作武器。

我們創造了奧斯維辛集中營，然後宣稱在這之後寫詩變得不可能。但我們其實都能夠比想像中來的更堅強、也更勇敢，這故事就是一個證據。

目錄

第四回

情感的界線

第五回

我討厭自己

楔子／也許都只是妄想／

我忘記那個男人的名字了。
確確實實，想不起來了。
也許，我接下來要說的事情，
都只是我的妄想也說不定。

遭受長期而重複創傷的人，
會發展出潛伏而持續惡化的創傷。
——茱蒂絲・赫曼（Judith Hermann），《從創傷到復原》

高中班導（資深化學老師）

“雖然時代不一樣了，妳們的想法比較開放一點。但我覺得妳們上大學之後，還是要保持貞節。雖然現在妳們可能不在乎，但萬一很多年以後，妳們遇到一個妳覺得對的人、非嫁不可的真命天子，但妳已經不是處女了，不就會很後悔嗎？有些事情是不可逆的，就像木頭燃燒之後無法回到原本的樣態。”

高中健康教育課老師（曾任護士）

“記得在皮夾裡放保險套，不過要注意，不要被硬幣刮破……不是要鼓勵妳們發生性行為，而是為了預防得到性病。很久以前，我有個學生，她放學回家的時候被陌生人強暴，結果染上梅毒。性侵這種事情，當然是不要發生最好，但如果真的遇到，請給他保險套，叫他至少使用這個，妳可以減少染病的機會。運氣好一點的話，還可以取得他的精液作為控告他的證據。妳們要記得保護自己……”

大學同學（通識課同組）

“其實，我覺得那些會被強姦的女生，應該都是騷貨吧！要不是常跑夜店，就是穿得很露，自己到處勾引別人，才讓別人想要幹她吧？反正也不是什麼良家婦女，被強姦也是剛好而已。不然像我這樣，安安分分穿T恤跟牛仔褲，哪有男人想碰我啊……”

某個女生（速食店隔壁桌）

“什麼，她竟然告她男朋友性侵！怎麼可能……還有成功？這個男的也太衰了吧？做愛不是交往一定會發生的事情嗎？都答應交往了，多少有需要執行性行為的義務吧……都什麼時代了，哪個大學生不「修幹」？”

麻木

五個深棕色木頭櫃倚靠在白色牆面上，櫃裡的小玩具整齊畫一地駐守在它們應屬的位置：塑膠恐龍、彈簧狗、木製青蛙、樂高積木、鋼彈模型、三合院泥雕、地球儀、樹木模型……各種稀奇古怪的東西，密集到讓人胸腔淤塞，我彷彿是誤闖軍事管制的登山客，被站崗的阿兵哥以生冷目光呵斥盡速離開。

我避開那些玩具的目光，習慣性地朝距離門口最近的雙人沙發坐下，然而，沙發上不知道何時多了兩隻陌生的大型布偶，讓我不知所措。旁邊還有兩方灰色沙盤，我試著調整坐姿，避免碰倒它們。

新的學期第二周，新的心理師與諮商關係。會跟以前不同嗎？

「我們今天還不會用到沙遊喔！」剛做完知情同意書的說明，丸子頭女人確認了一下手上的檔案夾，瞧了我一眼，躲在戴細框眼鏡後的眼睛瞇了起來。

「妳覺得，剛剛妳說這次諮商想討論的兩個 packages[1]，有什麼相似之處呢？」

坐在我斜對面的女人，身體挨著灰白色單人沙發，身體微微向前傾斜十五度，雙手按著一本A5筆記本，雙眼直勾勾地盯著我。

「嗯……人際關係？」

「嗯，還有呢？」

她邀約式地點點頭，發出嗯嗯的聲音，暗示我繼續說下去。

「在某個特殊情境下會被誘發出來？」

好了，我實在想不出英文被當掉兩次跟性別問題有什麼共通點。

「妳有沒有覺得，這兩件事都牽涉到『評價』。妳很在乎別人怎麼看妳，還有妳怎麼看妳自己。」

哦？這麼說，好像有那麼一點。

---

①packages：意指「議題包」、「議題組」。因個人議題通常非由「單一問題/困擾」所致，而是一個牽引另一個，造就了「一包」、「一組」需被處理的議題，故稱之「packages」。

「翊姍，妳覺得妳跟自己的關係怎麼樣？」

「什麼意思，我不清楚妳的問題……」

丸子頭女人突然換了個話題，讓我摸不著頭緒。

「都可以，試著講講看。妳覺得跟自己相處是什麼樣的感覺？」

這題可真困難……

「我常常感覺不到我自己吧！很多次，我的靈魂彷彿跳脫出來，用第三者視角在一旁無關痛癢地窺看這個肉體的一舉一動。」我思忖了半晌，緩緩地吁了一口氣，才如此說道：「我受傷的時候，感覺不到痛，確切來說，過了幾秒——比侏羅紀恐龍反應還久的時間——才意識到自己正在流血，或是『啊，我腿上有個傷口呢！』這樣的疏離感。聽別人叫我的名字時，也沒什麼反應，總得延遲幾秒，像忽然憶起家裡還在燒開水、不能繼續跟鄰居在門口聊天的主婦，急急忙忙地做出反應：原來剛剛是在叫我啊！這樣的感覺。」

在我幼稚園的年紀，有天下午在社區公園和其他小朋友玩耍時，不小心從溜滑梯跌下來，尾椎骨的位置滲出鮮血。我當時並沒有察覺到自己受傷，仍繼續遊戲到晚飯時間，直到媽媽瞥見我背後沾滿血漬的衣服而發出尖銳吼叫：「妳怎麼流這麼多血！」我才感覺到痛——從自己身體發出訊號的疼痛感，那瞬間，才開始嚎啕大哭。

「妳的觀察很敏銳。這是好事，應該能幫助我們之後工作更順利進行。」

「總之，我覺得……自己像個……空殼。」

「如果妳跟自己的關係不夠穩固，就會更難跟別人建立連結喔！」

學校的鐘聲響起，丸子頭女人順勢起了身，拿起兩塊木板蓋到沙盤上，把桌面整理好。

「那今天就先到這裡，我們下禮拜繼續。我想，應該要處理『妳跟自己的關係』，這會需要比較深入的探討。」

我往臉上堆了儀式性的笑容，向她道謝，便匆促地背起後背包往一樓跑。雖然已經是「常客」了，但待在心輔中心門口太久，還是會有股莫名的壓力——我不希望自己被他人貼上「不正常」的標籤。

要不是謝伯倫，我根本不用再回來這裡。

我討厭個人諮商。要定時到心輔中心報到，並與陌生人談論自己的私事，實在很彆扭、壓力大。況且，以前遇到的心理師，都討人厭得要命。要不是謝伯倫一直吵、一直煩：「妳應該好好接受治療，不然我們的關係很難走下去。」我才不願處理這些事，都過了那麼久了，我好不容易才忘記那個人！

「反正妳都延畢啦，不如就去申請諮商嘛！註冊費才八十八元，外面諮商五十分鐘一千兩百元起跳耶！很划算……」

從電話中看不到謝伯倫的表情，感覺不出來他是認真地這樣想，還是為了調侃我。

「延畢又不是我願意的。五十九分被當耶，也太衰了……」

「危機就是轉機，凡事換個角度想，就會有不同結果。也許這是老天爺要給妳的機會，讓妳好好把那件事處理好。」

「我不是說我不想談這個問題嗎？」

「重點就是，妳根本沒有『好』，自以為沒事了，但傷口還爛在那邊，受到刺激就發作，不是嗎？」

確實，每次看到相關的報導，我就會心跳加速、冷汗直冒。明明那都是別人的事情，與我毫無干係，但……那些關鍵字卻像溪水裡的漩渦，將不慎摔跤的我，捲回事發當下那苦不堪言的深淵中。我死命掙扎，卻仍逃脫不了再度受傷的命運。

「我……算了，我辯不贏你。」

「我沒有要跟妳爭辯的意思，我只是希望妳好好的，未來別再為那件事難過受苦了。看到妳痛苦，我也不好受。至少讓諮商師陪妳走過一個療程。讓它在妳心裡結案，好嗎？」

「好啦，我試試看。給我一點時間……我現在還不想面對。」

「那妳開學記得去申請諮商喔，反正也才六至十六周左右。」

他立即用 LINE 傳了學校心輔組的個人諮商線上申請系統網址給我。

個人資料、病史、過去合作的心理師、本次預約目的……

「預約目的」啊!?

非得寫嗎？

寫了該不會就被「通報」了吧？

這樣是不是會直接進入司法程序？要去警察局做筆錄，還可能得去法院。

好可怕……我才不想一次又一次在陌生人面前重複陳述自己的私事。

也好……麻煩。

明明我才是受害者，為什麼浪費時間去做心理治療的是我、擔心受怕、去做筆錄的也是我？

這世界真是莫名其妙。

沒辦法，都答應謝伯倫了，還是得硬著頭皮寫上去。

預約目的：外語學習障礙、性別議題。

其他事，等開學見到心理師再思考吧！

♡

晚餐時，電視正報導一名摘下金牌的冬奧溜冰選手，因為去年一場車禍住院了一段時間，即便在病床上悶得發慌，他還是依照教練的指示勤奮地做意象訓練（imagery training），閉上雙眼想像之前接受訓練的回憶片段，從暖身操、花式動作、與夥伴配合的舞姿，甚至是上台領獎的橋段，都沒缺少。出院後立即歸隊接受特訓，即便他的身體已經兩個月沒有運動了，滑冰表現竟然更勝以往。

畫面接著切換到記者對某知名大學體育系教授的採訪，他在堆滿文獻的辦公桌後侃侃而談：「意象訓練是運動心理學中的一個技巧，過往的研究已經證實它能有效幫助運動員的表現……」

麻醬麵似乎加了太多醬料，我起身走到冰箱前翻找有什麼可以解渴，在一包陳年粽子後方找到一瓶冷泡茶，翻轉幾次後終於發現瓶底的有效日期，還有七天才到期。

我旋開瓶蓋，仰頭灌了一大口，似乎是四季春的味道，卻又不太像，可能是接近有效期限的緣故。冰冷的茶水，讓敏感性牙齒抽痛了一下，我摀著右臉頰，關上冰箱，走回餐桌。

剛剛似乎忘了什麼事情……

啊，今天是交往滿三十天，有件事，非得問清楚不可。

我抽了張衛生紙，抹乾嘴邊的污漬，撥了視訊電話給謝伯倫。

「欸，在士林夜市那天，你本來要跟我說什麼？」

「什麼？幹嘛突然問這個？」

「就突然想到，想要確認一下跟我猜的一不一樣啊。」

「喔，可是我不記得了耶！」謝伯倫坐在黑色電腦椅上，原地轉了一圈。

「別裝蒜，快講！」

「真的啦，我不記得了，都一年多前的事情了。可以給我多一點提示嗎？」

「就……那天晚上往捷運站的路上，你本來不是要跟我講一件事，欲言又止的，後來又說算了。」

「喔喔喔，那個！一定要講嗎？很害羞耶……」謝伯倫像是被戳破詭計的頑皮小男孩，慧黠的眼睛眨了眨。

「害羞什麼啦，快說——」我佯裝生氣。

「啊，就是要問妳要不要當我女朋友啊！」

「蛤?!是喔……我猜錯了。」

現在換成謝伯倫疑惑了，「不然妳以為我要問妳什麼？」

「我……我……我……」

「快——說——」輪到他咄咄逼人了。

「我以為你打算問我要不要跟你上床。」

「欸？我是那種人嗎？」他眉頭緊蹙，思考了半晌才問：「所以，如果我真的那樣問妳，妳會答應嗎？」

「不會，」我皺了眉頭，「我們是很好的朋友，難得的朋友，如果發生性行為的話，會破壞我們之間的關係吧？總之……很奇怪。所以覺得不要比較好，當時才會叫你不要講。」

「喔。」他若有所思。

「等等……所以，對妳來說，男女交往的標準流程是：認識↓朋友↓上床，最後才是交往嗎？」

「才不是……」感受到臉上一陣熱燙，我猜我的臉一定脹紅了起來，遂趕緊撇清。

「不然呢？」

其實，我也不清楚自己的原則是什麼，思緒如颱風過後淤積在水溝裡的爛泥巴，和著樹葉與污水，發出陣陣惡臭，卻正義凜然地存在。

我很擔心謝伯倫怎麼評價我——會不會覺得……我很隨便？

我不是隨便的女人啊！

但我的行爲，讓我不相信自己了。

我不曉得他對「感情」與「性」的價值觀爲何，也不清楚他怎麼看待我。

他和其他男生一樣嗎？

這些事，又不方便直接問他。

我時常會擔憂，自己會不會其實是個騙子，沒在交往前告知他全部的過往，讓他獲得充分的資訊後再做決定；或是個不肖商人，未在購物網站上標示清楚商品內容並使用過度美化的照片，讓消費者花大錢當了冤大頭。也許，他知道我發生過的那些事之後，就不要我了，會嫌棄我髒、齷齪、淫亂、水性楊花之類的。但是，在擔心的同時，我也能理解，就算他因此拋棄我，亦是情有可原，雖然我大概會難過，但這是無可奈何的事情。

畢竟，我已是瑕疵品了。

不論是不是我自願的，事實就是這種結果了。他是這麼優秀的青年，有資格挑選更好的女孩。

然而，在被迫供出一切之前，我只能隱瞞多久是多久，能再擁有這段關係多一刻鐘，都是幸福的。即使許多人深信伴侶之間不該有任何祕密，但我漸漸開始認為每個人都是獨立個體，有自己的祕密也不為過。況且，分手之後，對方手上有自己太多把柄也不好。愛到深刻時，交換祕密是一種蜜糖，由愛轉恨時，再濃郁的蜂蜜都成了殺人凶器。

到了現在，勢必得學會保護自己的手段了。

我已經不是以前的我了。那麼單純，那麼蠢。

「那你呢？你標準流程是什麼？」我決定把問題丟回給他，腦袋中浮現「燙手山芋」這個成語。

「對我個人而言，婚前性行為是可以的。我這人的性觀念很開放。但前提必須是建立在雙方穩定的交往關係下才能發生。換句話說，在和妳交往之前，我不會想跟妳做那件事，也不接受一夜情。」

「真的假的？你好特別，我以為男生都喜歡一夜情，不要談感情，不要有責任，打完砲拍拍屁股就閃人，這樣最爽了。」

「妳到底對男生有什麼偏見？」

「哪有什麼偏見？我說的是事實，男生不都這樣？」

「男生也分很多種啊！妳不要一竿子打翻一船人……至少，我就不是這種人！」

「我就不懂男生嘛！從小到大，也沒太多機會跟男生相處，高中讀人社班②，班上男生才三個！而且他們都有自己的小宇宙，不會理我們。所謂的男性，不過是想像中的生物！有偏見很正常吧？」

「也是啦！我們高中時，男生也都以為女生的大便是粉紅色的，哈哈。」

「喔……不、好、笑。」

一些渾濁、破碎的記憶浮上意識，胸口倏地湧入一股複雜的情緒，耳膜嗡嗡地震動，感覺自己窒息了幾刻鐘。

「欸，妳之前……是不是曾發生過什麼事？」

「沒有，沒事。」

「李翊姍，跟妳說，我之前說的話是認真的，**不管妳過去發生什麼事，我都會接納妳**，陪妳度過的。妳有什麼事，真的都可以放心跟我說。」

「**要相信一個人沒那麼容易。**」我冷言以對。

②人社班：「人文社會資優班」之簡稱。為一般高中常設班別，會開設文學、心理學、政治學、社會學、哲學、經濟學、歷史學、人類學等特殊課程。

我不敢相信男人說的話。

那些說會包容、百分之百接納對方，等對方全盤托出之後，再匿名上網路論壇問這樣的女人是否該「放生」的事情，難道還少見嗎？

一個人的過去，真的這麼重要，不可磨滅嗎？

一失足成千古恨，永世不得翻身。

就算我們已認識多年，我依舊無法篤定眼前的他，跟以前遇過的其他男人，有什麼分別。我不想再被拋棄一次。

我受夠了。

復原的過程，太難、太累了。

難保隨時不會被背叛。

單戀的愁緒、被拒絕的恐懼、分手的痛苦，乃至情殺的風險。

被傷害過以後，就沒有能力再義無反顧地去愛一個人了。

許多時候，我真的好羨慕老待在實驗室的同學小雅，對於被愛與愛人的需求那麼低，每天在實驗室觀察鳥類、青蛙、蝴蝶就很滿足似的。我多麼希望自己可以愛科學、愛生物而不是愛人類，就不必如此擔心受怕，就不會遭受這些苦難。

這些日子以來，我越覺得愛一個人需要巨大的勇氣，隨時將自己暴露在危險之中。我已經徹底失去愛的本能。

我早就下定決心，在確認對方真的可以信賴前，一概不投入過多感情，保持隨時可以抽身的狀態，確保自己能在一天之內從失戀的情緒中恢復過來，不影響課業與工作。

過去，我曾經多次祈求月老，懇求祂斬斷我的情根，期盼此生不再為情所苦，但祂始終沒有應允我的祈求。

如果沒有愛與被愛的需求，就不會害怕寂寞，也不會被傷害了。

那件事發生以後，我心裡的恨發芽成一顆能切斷感情欲望的開關，那形狀宛若外婆家老舊燈具上墨綠色的圓球，中心有根泛黃色棒狀物。只要將那根想像中的棒子用力往下扳，付出的感情就會立即中止，受傷的感覺也會即刻終結，達到麻木[3]的狀態。經過三年意象練習，那顆開關也越發有效率。原本一個月才能恢復的低落感，現在一天就能解決了。我不再輕易去愛人了。

我眞的，沒有籌碼再去冒險了。

「那如果有一天妳想說的話，我都在。」

夜有點深了，我向他說晚安，切斷視訊電話。

我又跌入恐懼的黑洞，沒有盡頭。

③麻木（numbness）：指人感受不到自己任何情緒。習慣壓抑自身情緒的人可能會出現此現象。

情人節

「今天可是情人節，怎麼沒跟妳男朋友一起過，不是還在熱戀期？」葉旻潔坐在吧台前，盯著菜單猶豫不決，不知道該點哪杯飲料。

「今天單身女性買一送一，不來白不來，就恢復單身一天來陪妳嘍！」我向Bartender要了一杯瑪格麗特，思考著要不要叫烤香腸來配酒。

我和葉旻潔重逢是難得的緣分。她是高中籃球社的學姊，當時看到她的神準三分球，我就「愛上她」了！但當時除了把她當偶像崇拜之外，並沒有真的找她攀談。後來得知她考上正義大學研究所，我想著能在同一間大學讀書也是緣分！才鼓起勇氣嘗試聯繫了她，便開始相約慢跑、吃消夜，建立起深厚情誼。

雖然起初約飯局的是我，但畢竟失聯多年，中間日子大家各自發展，當初又僅只是點頭之交而已，一時間不曉得該說些什麼好，吃飯時我只能尷尬地不停玩弄竹筷子。倒是她，很信任我似地，一開口就年表式地一一交代她上大學後發生的蠢事來暖場。

以前這麼帥氣的學姊，竟然也有淘氣的一面啊！雖然這樣講好像有點奇怪，但當下除了覺得衝突之外，心中湧出了更龐大的敬佩感，覺得她很……有勇氣，也很有魅力。究竟什麼樣的人，才能夠不在意自己的形象，不怕被別人笑，能夠自在地面對自己？

這兩年，她變成了我大學生活中重要的精神支柱，也是能在發生任何事情時放心傾吐的對象。

確切來說，是唯一的對象。

她搖了搖手中的威士忌，圓球狀冰塊在棕色液體裡旋轉，發出與玻璃杯碰撞的細微聲音。

選了那麼久，她還是一如往常點了相同的酒。

就像男人，她等了他七年，還是沒放棄。

「妳是不是還沒放下那件事？」她突然打破沉默。

「哪件？」

「妳點了瑪格麗特不是嗎？代表失戀的酒。妳跟那個人第一次見面，也是喝瑪格麗特，不是嗎？」

「果然什麼事都逃不過妳的法眼啊！」

「妳男友知道那件事嗎？」

「嗯，以前跟他稍微提過。」

我盯著杯緣的食鹽結晶，好像比上次多放了一些。苦。

「那他怎麼說？」

「他就覺得那個人是混帳啊！他說不會因此嫌棄我。可是，我沒有跟他說後來發生的事情，後續的事情……我覺得才是更可怕的，也是我無法原諒自己的部分。依據我對他的了解，我猜他還是會諒解。但我仍會害怕，怕他……會不會說的跟做的不同，然後就不要我了。我想相信他，但目前做不到。畢竟，口是心非的人太多了，總是說一套做一套。」

「做不到就別勉強了，建立關係本來便沒那麼容易的，需要一些契機與時間去醞釀。」

她舉手又跟 Bartender 要了一杯威士忌。Bartender 向她推薦新出品的鐵娘子精釀啤酒，味道有些辣，很特別。她猶豫了一會，仍搖搖頭說：「跟剛剛一樣的就好。」

「妳知道啤酒的製作過程嗎？」她忽然開啟新話題。

我搖搖頭，咬了一口香腸，熱氣從中竄出，遂吐了吐舌頭散熱。

「這是我上次跟朋友去屏東的酒廠參觀時知道的喔！製作過程中要加入啤酒花一起煮沸，讓啤酒花降低啤酒生澀的口感，煮沸後的麥汁要經過四十八天低溫無雜菌發酵，最後才會變成好喝的啤酒。」

「嗯？」

「妳喜歡喝啤酒嗎？」

「喜歡啊，我喜歡哈爾濱啤酒，非常清爽，但台灣沒進口。有一款南非蘋果酒也很好喝，最近超商好像有在特價……，等一等，所以妳要表達什麼？」

「我那時候隔著防彈玻璃看著巨大的儲酒槽，突然覺得語言真是很有趣的東西呢！『醞釀』這個詞的意義，是不是真的來自釀酒過程？平常這麼習以為常地使用這個詞，但從來沒有深入探討過它的由來。釀酒，需要時間，一定得要六至八周，才能製造出好味道，沒有其他方式可以加速這個歷程，我們唯一能做的，就只有等待。」她向我舉杯，豪飲了一口。

「等待啊……」

「關係也是喔！啤酒之所以好喝，是因為味道有層次，有苦，有清香，有辣味。感情如果只有快樂，恐怕也很無聊吧！但一段感情要蛻變成好的親密關係，也需要醞釀的過程吧？必要的時間，省不了。」

「所以，妳才等學長那麼久嗎？」

「他準備好的時候，我會知道的。在那之前，我若逼他，只會讓他更想逃離我而已……這個時代變動得越快，我們越要沉下心去等待那些緩慢。」

我用手掌托著下巴，歪頭看著傾斜的牆上菜單，還沒決定好贈送的第二杯酒該喝什麼。

Date：2016年11月23日

Dear diary：

寒流來襲　低溫特報 14℃

天空是藍的

我感受不到

人們在微笑

我覺得邪惡

恨不得大家都死掉

我是想要幸福的撒旦。

我是想要和平的路西法。

我是想要保持童真的妓女。

我是想立牌坊的婊子。

我是想要殺人的醫生。

我是想要引爆核彈的諾貝爾和平獎得主。

坦白

那件事發生以後，我變得不太能信任別人，尤其是男性。畢竟，那個人是利用我對他的信任，才得以對我做那件事的吧？雖然還是常感覺寂寞，渴望談戀愛，以及被愛，但每次到了能更親近的時候，我便會退縮。害怕對方是不是只想利用我，或是欺騙我而已。我也找不到人可以討論這種事情，只好一直藏在心裡。但，很困擾就是了……我討厭這種遮遮掩掩的生活。

雖然身旁還是有一些名義上的「男性朋友」，但若真要定位他們在我心中的位置，可能就只是同學或是見過面的人，如此而已。要和他們談心，還太遠。至於深度的自我揭露……更不用說了。要不然，若有可以信任的男性朋友討論這些事，或許就能獲得比較「正確」的男性觀點吧？不用自己瞎猜、瞎折磨。但是，這根本是痴人說夢。要是我以前有信得過的男性朋友，還會落到今天這步田地嗎？

總之，我一直沒找到適合的人談談，不然應該可以改善一點症狀？

我猜自己始終無法吐露隻字片語的原因，大概是害怕「二度傷害」。始終找不到能真正相信的人。一開口，就被燙成豬頭皮，又醜又痛。

「不是每個人都可以訴苦。要挑對對象。」

這是我幾年來的心得，有些人的同理心不足，或是思想偏激。若是因為寂寞、痛苦，就隨意向別人吐露心事的話，反而會被對方的回應再次傷害。

我這麼脆弱，再也經不起任何一點攻擊了。

必須觀察久一點，找到真正善良、不自以為是的人，才能展現真正的自己。必須用一些小事試探他的態度跟口風，再評估這個人能不能信任。

可惜，至今，沒有多少人能通過考驗。

即便心裡有千百個不願意，但事到臨頭，非向父母坦白不可了。

誰叫謝伯倫跟教授要逼我去諮商?!

既然決定跟心理師討論這個議題了，日後可能得去警察局，甚至是法院走一趟。這種事情紙包不住火，還是得先給父母打預防針。

想到就頭痛，

還有胃痛。

「我開學之後要開始諮商喔！」我挑了一天看似風平浪靜的晚上說。

「為什麼？妳怎麼了，幹嘛沒事要去諮商？」母親首先發難，面露難色，端著水果盤的手凍結在半空中。

「我的英文被當了，外文系教授要我去諮商。」

「喔，那妳就去啊！學生的本分還是要盡，趕快把英文搞定，趕快畢業。」父親正往二樓走，彎下腰從樓梯邊探出頭，看著坐在一樓客廳地板上的我。

「還有……」我試著說下去，但羞恥心像一隻孔武有力的大手，掐在我的咽喉，只能用微弱氣音與腳邊的螞蟻說話，「我要……處理……性侵的事情。」

這是我第一次親口說出這兩個字。我真的說出來了？

我感覺到空氣中的分子像遇到芮氏七級大地震，天旋地轉了幾秒。

「妳說什麼？」

水果盤摔落在地面上，發出「砰！」的破裂聲，削了皮的蘋果片散落一地，像極了蜷曲的胴體。

「是誰？誰做的！他對妳做了什麼事？什麼時候的事情？妳是不是被下藥了？」「我不是跟妳說過不要去陰暗的地方，離開座位之後的飲料就不要喝了嗎？為什麼媽媽講的話妳都沒在聽……」媽媽開始歇斯底里的狂叫，連珠砲地發問。她的聲音像五光十色的舞廳旋轉燈，令人頭暈目眩，難以喘氣。

「別再問了好嗎？」我聽見自己怒吼，音量之大，連自己都嚇了一跳，「我沒有要回答這些問題的意思。我很痛苦，別再逼我了。我只是要跟你們說，我受傷了，我需要去諮商，我需要被幫助。請你們支持我就好了。」我感覺到自己的臉上沾著濕漉漉的淚珠，「拜託，不要再問了……」

「不要這樣，讓媽媽幫妳好嗎？」她飛奔過來，環抱住我。

我感到心口一緊，大量的血液衝上腦門，腳步踉蹌，把她的手用力撥開。

「讓我靜一靜好嗎？」

她似乎沒聽見我的話，又折返回樓梯，邊跑邊喊：「爸爸，拜託你聽一下好嗎？有重要的事情要跟你說，我們女兒……」

「不要煩我。她有她的煩惱，我也有我的。我工作壓力很大，我也很想死……」空氣中傳來父親的怒吼。

「拜託啦，不是英文的事情，很重要，我們樓上說……」我聽見母親低聲下氣的請求。

「不管什麼事，我都不想聽，現在，我只想顧好我自己——活下去！」

砰一聲，門被用力甩上。

我不知所措，瞬間忘記自己再過幾天就滿二十三歲了，還以為自己仍是個軟落無力、需要被保護的小孩，抱著仙人掌抱枕瑟縮在客廳角落哭泣。

好想離開這個家，去個安全的地方休息。但我不知道可以去哪裡。意識再次離開了我，耳邊聲音都像浸在水裡模糊不清，彷彿這個無助的軀殼不是我自己。

當父親情緒穩定的時候，會和藹地鼓勵我：「英文考試多試幾次就好，用時間換取生存空間。一關過了再想另一關，妳想讀研究所，我們會支持妳，現在先別擔心那麼多。」但他生氣時，就會態度大變：「妳怎麼那麼不負責任？不趕快畢業去工作？爸爸年紀大了，再活也沒幾年，想要退休了，妳怎麼還老是一副不知大難臨頭的樣子？」

每當他說出這些恐嚇話語，我就會感到無盡的焦躁、惶恐，也打亂所有讀書的安排，把研究所考試簡章一頁一頁撕毀，修改求職履歷。

父親被我方才的情緒影響，嘔氣不吃晚餐，獨自出門散心去了。

待他回來，我怯懦地問他：「爸爸對不起……不要生我氣了好嗎？」

他卻拋下一句冷漠的言語：「每個人都有自己的困難，不要把妳的情緒丟給我。妳要爲妳的行爲負責。」便走回他三樓的房間了。

他大概覺得我在對他情緒勒索，並蓋出防火牆、劃清保護自己的心理界線。

理性腦告訴我，他這麼做沒錯，人要先照顧好自己，才能照顧別人，否則就是泥菩薩過江。但身為性暴力倖存者、一個渴望父愛的女兒，我覺得他又欺騙了我，之前說好「家是妳一輩子的避風港，家人永遠愛妳」是假的。我的生存焦慮被激發——我得趕緊找工作、經濟獨立、搬出去、切割、保持距離，這對我們大家都好。

即便過了幾刻鐘，父親用 LINE 傳來了長長的安慰語句，大意是「人生總有不順遂的事情，人活到年紀越大，就越會克服，要學著調適。即便用詞不當，但依舊是愛我的。」

但，我再也無法相信，這樣朝令夕改、反覆不定的愛，是可以依賴的。

我只記得，方才那句「她自己造的孽自己解決」，不斷在空氣中迴響。我究竟做錯了什麼？

♡

好巧不巧，那件事發生後不久，電視上正沸沸揚揚地報導著公平大學的性侵案件。

身邊的人都認真地關注與辯論，我卻嚇得靜默無聲，連面對心理師都不敢說出口，情緒受到嚴重的震盪。

也許僅是我的妄想，但我就是害怕心理師洩漏出去，害我也上了新聞，網民會不會酸「怎麼大學生都這樣」。

我不知道「性侵」這個詞確切的意思是什麼。我指的是，這個詞彙在現實生活中的含義，而不是字典或中華民國刑法①上那些文謅謅又抽象的定義。

我不知道自己當時究竟發生什麼事，我不知道該怎麼觀看自己。

那件事，算性侵嗎？還只是如網路酸民所言，只是「事後反悔型誣告」的一夜情？

①根據中華民國《刑法》，性行為分成三種：

一、性交：①以性器進入他人之性器、肛門或口腔，或使之接合之行為。②以性器以外之其他身體部位或器官進入他人之性器、肛門，或使之接合之行為。

二、猥褻：①泛指「足以滿足自己性欲，從他人眼光看起來是色慾展現的行為」。②會因為行為人得逞及對受害者傷害的程度差異而有不同懲處。

三、性騷擾：①違反對方意願，使其施行含有「性意涵」但非「性犯罪」的行為。②讓別人感覺不舒服，干擾對方關於性、性別上不被影響的權利。

——引用自《江湖在走，法律要懂》，法律白話文運動著

性侵害的法律定義係依據《性侵害防治法》第二條規定：「本法所稱性侵害犯罪，係指刑法第二百二十一條至第二百二十九條及第二百三十三條之犯罪。」

中華民國《刑法》第二百二十一條（強制性交罪）：對於男女以強暴、脅迫、恐嚇、催眠術或其他違反其意願之方法而為性交者，處三年以上十年以下有期徒刑。前項之未遂犯罰之。

但……如果只是一夜情，為什麼我會痛苦？為什麼覺得恐懼？

難道一切真的是我自作自受嗎？

我的痛苦，該放置到哪裡呢？……我不知道。為什麼大家都否認我的感受？都不相信我？我也開始懷疑自己了……

我好害怕，那個人會不會四處張揚我們的事，甚至將它當成可以炫耀的事蹟。但這種事情，對女生來說，傳出去就是身敗名裂。我之後要怎麼活？

「李翊姍是個騷貨。」

「李翊姍很 easy，很好上。」

「我才花三周的時間，就把李翊姍搞上床了，是不是很屌？」

我一想到那個人可能會跟朋友這樣描述我，腦袋便轟轟作響。

三年多前，那件事發生當下，我正因為課業問題接受個人諮商。雖然那件事並非那次諮商主要談論的議題，但對我的生活衝擊相當大，我還是應當和心理師提及，只是，他嘴上的小鬍碴總是戳刺到我敏感又脆弱的神經。天下男人都一樣壞。我非常擔心向他提到那件事，他會覺得我很糟糕、很噁心，所以始終不敢向他坦白，連求救都無法……我當然知道，依據心理師的職業規定，他必須對我講述的內容保密、尊重個案的客觀感受、不能給予價值評價……但我還是無法對他卸下心防。見到這位男性心理師讓我壓力很大。我總不斷想著：他是男的、他是男的、他是男的。也有可能變成加害者。

我討厭男人。

不論他問什麼，我都虛與委蛇地應對。但靜默的時間實在太難熬了，我只好搬出一些當下對我而言並不急迫的煩惱和他商討，比如「文學獎又沒有得獎了」、「文筆一直沒有進步，我因而找不到成就感」之類的問題。他便會開始認真討論，文學獎落榜不等於文筆不好，因為文學獎的名額少，難免有遺珠之憾，也得看評審的口味，或是我太操之過急，一般厲害的作家都是三、四十歲以上的人，我現在才二十出頭，卻用過高的標準審視自己，難怪會焦慮……

其實，他說的我都了解，雖然這確實是我的煩惱之一，但都不是我主要的困擾。我一邊竊笑，腦子裡一邊轉悠著：一般不都是心理師要和個案建立足夠的信任，個案才會願意吐露實情嗎？心理師也要有能力辨認是否撒謊不是嗎？

我心裡正上演著諜對諜的戲碼，我盯著他瞧，看他什麼時候會發現我在說謊。過了幾秒，我又會轉念：這不是瞎折騰嗎？他是來幫我的人，我不講實話，他怎麼幫我？可是仔細看看他寬闊的肩膀和嘴上的小鬍碴——十足的男性特徵，我還是開不了口。我好希望可以對他說實話。我好希望他可以幫助我。但我辦不到。

其實我也知道，只要感覺不舒適、合作起來怪怪的，就可以換心理師。這是絕對合法、合理的。心理師也知道，每人有自己的侷限性，不可能幫助所有個案，所以被換掉時，不會太難過。

可是，還是太難了。我總覺得諮商關係才並非全然地平等，他高高在上，隨時等著替我打分數。

我對諮商治療的排斥感，大概是源於第一次經驗帶來的強烈羞辱感，而留下陰影吧！

那時我去學生輔導中心晤談關於感情的問題，我向心理師抱怨：「為什麼，我總是沒人愛？兩性專家都說，要不斷變成更好的人，幸福就會來。可是我好努力了，還是沒人愛我。我好寂寞、好痛苦，難道我不夠好嗎？」

那位心理師是位穿著相當時髦、充滿自信、氣場很強的女人。在她面前的人都不自覺會低下頭。她絲毫沒有親和力，讓我馬上變成軟趴趴的小兔子。

她聽完我的困擾之後，卻回答我：「妳的身高多高？一百七十二公分？台灣男生平均身高才一百七十四公分，多數男生都想要找比自己矮的女生當女朋友，妳在這個戀愛市場就是不吃香，所以嘍！」她使個眼神，自信滿滿地坐在牛皮沙發裡，「事實就是這樣。」

我猜她是認知行為學派②，企圖改變我不合理的想法，來解決焦慮。

然而，我並非不知道現實多麼殘酷，去找她，只是想討拍、獲得一些心靈慰藉罷了，而她卻不顧我的感受，自以為聰明的，戳破我的保護膜。

我哭著走出諮商室，默默在線上系統申請更換心理師。

②認知行為治療（Cognitive Behavioural Therapy，簡稱 CBT）：藉由改變對事物的詮釋方式，幫個人達到改變情緒的一種治療方式。治療師會教導個案學習分辨、反駁自己的非理性認知——思考陷阱，並逐步建立正面的思考模式。

隔天，她用辦公室電話打到我的手機，劈頭就罵：「妳為什麼突然換掉我？理由是什麼？」

我記得心理師不能有這種行為，但她確實這麼做了。

導致我日後對於更換心理師，都有種恐懼，或是愧疚。

整個學期間我都沒向小鬍碴心理師談到那件事，直到放了寒假，被相關事件觸發了難耐的回憶，才鼓起勇氣寫信跟他求助。

小鬍碴心理師的回覆文字看起來焦急又公式化，一方面詢問我當下的情緒如何？是否處於安全的地方？接著又表示「依《性別平等教育法》規定，如果是學校相關人員，在知悉學生性侵事件的時候，二十四小時之內必須向上通報（如果二十四小時之內沒通報會被究責）」。他問我什麼時候可以返校？告知我必須到性平會一趟。緊接著又急切切地詢問對方是在校人士，還是校外人士。

我忘了自己有沒有回他信。只記得當下我很震驚，我只想處理我受傷的情緒，並不想提告或是處分對方，也不想再與對方見面之類的。對我來說，見面跟描述細節只會造成二度傷害，光是觸及與那件事相關的任何一個關聯點都讓我頭皮發麻，又怎麼能回想呢？我實在不能諒解，他為什麼沒有尊重我的意願，擅自幫我做決定呢？通報這件事，真的沒有轉圜的餘地嗎？明明是我受傷，卻是我要承受後續這些……到底憑什麼。那個人說不定現在正翹著二郎腿在打線上遊戲呢！這世界真不公平。

總之，後來我逃跑了[3]。很長一段時間沒有回去心輔中心晤談，面對那件事是個傷痛，但要跟心理師討論這些，更是難以克服的壓力。不過，學校行政程序

---

③阻抗（resistance）：指在諮商過程中，個案對心理師的目標、方法表達不滿的行為。例如：拒絕出席諮商。在此所指「逃跑」是個案沒有請假，亦無參與結束會談，便逕自結束諮商關係。

於第一次個別諮商時，心理師會請個案填寫「知情同意書」，並告知個案其權利義務。其中包含：1.服務宗旨：心理諮商及輔導是以一種合作關係，個案是過程中的主角，有權選擇問題處理的優先順序、處理方式以及談話的深度。2.會談時間：每周晤談一次，每次約五十分鐘；晤談次數以六次為限，視情況需要可延長。3.取消會談：若因生病或有事無法準時參與會談，須於會談前一天以電話或e-mail向心理師取消會談。4.有始有終：個案有權利隨時終止諮商或輔導，但要先與合作的心理師做結束會談等等。

——參考自國立台灣大學學生事務處學生心理輔導中心〈個別諮商輔導同意書〉

也很奇怪，性平會後來並沒有發公文或寄 e-mail 要求我出面④，我遂跟著裝傻，整件事便不了了之了。彷彿這世界上，只剩下我一個人知道。

那件事從此變成我獨守的祕密，我誰也不說。畢竟，說出去對我並沒什麼好處。拿不出證據，別人只會覺得我在妄想、自導自演。

但「人在做，天在看」，事情發生了就是發生了，無法抹去，該怎麼辦呢？為什麼走不出來的，只有我？

④一〇三年五月二十六號臺教學（三）字第 1030902914 號。被害人或其代理人無意提出申請調查時，除師生間的校園性侵害、性騷擾及性霸凌等涉及重大公益而應由學校循檢舉程序啟動調查外，性平會可就案件做成紀錄，請其於顧慮解除後才提出調查申請。

Date : 2016 年 1 月 7 日

Dear diary :

天氣陰　在家看書

松子[1] 從小到大都品學兼優，奮發向學，當上正式老師
被校長性侵之後，人生開始下墜，終究慘死

這是她的錯嗎？親手為自己撰寫下悲劇劇本……

死的時候，還被外人當作是糟糕老太婆
自作孽，不可活

我是不是，被推至下墜中的悲劇螺旋梯了？

我不想變成松子
我不想變成松子
我不想變成松子

①《令人討厭的松子的一生》，皇冠出版，山田宗樹著。

第一回／傷口不會奇蹟復原／

觀察情緒。接納它。不要批判它。
創傷不是放下、丟棄就好。
正視自己的負向情緒，好好處理它，
人才能從中獲得成長的力量。
否則，就是繼續痛苦而已。
被忽視的傷口，只會繼續潰爛，
不會奇蹟似的復原。

唯有將痛苦宣洩完畢之後，我們才能從中痊癒。
——普魯斯特（Marcel Proust）

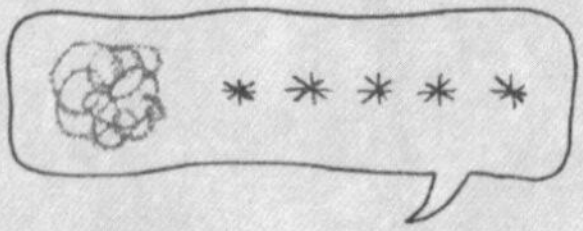

網友（網路論壇留言）

“就是被人渣玩弄了啊，有什麼好大驚小怪？地球很可怕，不知道怎麼生存就會被淘汰。包袱款一款滾回火星，或是眼淚擦一擦再出來……”

難道我的痛苦就沒有被重視的權利嗎？當性暴力「被普及化」，就能積非成是嗎？

心理師

“我們談論的內容都會保密，但如果涉及到傷人、自傷、觸犯法律，像是毒品買賣、家暴、性侵等等，我就必須通報。這點是工作原則，希望妳能理解。同意的話，請在這份知情同意書上簽名。”

「被通報」後會怎麼樣？我不想……我好害怕，但我有其他選擇嗎？說出來跟沉默，都痛苦……

∦ 曾以為的閨蜜

“大事化小，小事化無。進法院，走司法程序很麻煩，妳自己也痛苦。”

被毀掉的又不是妳的人生，當然可以說得這麼雲淡風輕。對妳來說是小事，對我來說可是大事啊！

∦ 媽媽

“這種事情，不是什麼好事，不要張揚。留點好事給人探聽，不然之後會嫁不出去。”

做錯事的又不是我，爲什麼要躲躲藏藏、忍受別人的評價？

∦ 同學（佛教徒）

“放下。不論發生什麼，放下就會好了。執著不是好事，不要再去想了。”

大家都要我別想太多、要往前看，不要執著於過去、把不開心的事情忘掉，可是，這些都治標不治本吧？下次遇到類似的事情，依然不知道如何面對……

不能被發現

記憶裡一直存在這樣的片段，揮之不去。真希望按下刪除鍵就能消失。

那天，我睡眼惺忪地睜開眼睛，縮在厚棉被裡，闃黑之中伸手尋找手機。厚重的絨布窗簾，隔絕一切光源。還有希望。

我忘了是哪一天。

9：04 a.m.

看著手機時間精神恍惚了一陣子，怔怔然，忽然讀不懂上頭的阿拉伯數字。驚愕許久才突然恢復意識，想起事後避孕藥得在七十二小時之內服用才有效。

不能讓任何意外中斷我的學業以及前程。

必須，裝得若無其事，不能被別人發現。

我忍耐著下體疼痛的感覺，急急忙忙地從衣櫃抓了幾件寬鬆的衣服，套上冬季蓬鬆的羽絨外套，前往租屋處附近的西藥房。我沒有空閒梳妝打扮，亦顧不得蓬頭垢面，**只想把身體的曲線遮掩起來，讓別人忽視我的女體**。最好，如空氣一般，看不見我的存在，否則，我會羞愧至死。

我在藥妝店門口徘徊許久，才鼓起勇氣走進去。

「那個……我想要買事後避孕藥。」我低著頭，支支吾吾，像蚊子舞動翅膀的音量。

藥劑師是個戴眼鏡的斯文男人，司空見慣地詢問我要哪個牌子。

「我不知道……」

我的手掌開始冒冷汗。

為什麼不是女藥劑師？但現在走出去好像也來不及了……

我想起高中護理老師說過：「除非緊急狀況，否則別吃事後避孕藥，很傷身體。性行為一定得要求男生戴保險套，不然後果是妳們女生在承受。如果忘記這點，以後出去不要說是我的學生！」

為什麼……

我不是好學生……

可是，我……

昨天到底確切發生什麼事了？

記憶斷線——

「艾〇樂還是愉×錠？」藥劑師推了鼻梁上的黑色膠框眼鏡，再問了一次。

還是不敢抬頭。覺得現在的自己太狼狽了……

「到底……我現在在這裡幹嘛？」我心想。

好丟臉……

好丟臉……

好丟臉……

「沒事沒事，不要緊張，不要想藥劑師怎麼評價自己。反正我都十九歲了，很多人這個年紀都當媽了，又不是小孩子，有性行為、買事後避孕藥也沒什麼大不了……」我繼續自我催眠。

「小姐？」

「啊，抱歉！我不清楚品牌……有推薦的嗎？」我驚醒過來。

「這款，」他推了一個紫色的紙盒過來，「副作用比較少。」

但是，幾個小時之後，我的陰道開始大量出血，出血量大約是平常月經第二天的三倍。只能虛弱的躺在床上，動彈不得。

我不敢去看醫生，也不知道能問誰。

不知道該怎麼辦？

好痛……

「可是明天還要上課，不能缺席，**不然會被發現。**」我按壓著下腹囁嚅著。

第七個念頭

我很喜歡黃明志這位馬來西亞華裔鬼才歌手。在〈愛我的錢〉這部 MV 裡出現了「肉靈芝」這樣的新聞片段，由於看不懂它影射了什麼，去爬文了一會，才知道，那是中國新聞節目中，誤將泡水而變形的矽膠自慰套認為是傳說中的「千年肉靈芝」。

然而，看完新聞頁面的解釋，我還是不懂自慰套是什麼。就字面上的意思解讀，大概是某種情趣用品，但我依然想像不出它具體的形象與功能。所以，我決定去找位活生生的男性友人問個清楚。

謝伯倫成了第一個訪問對象。

那是我在跟他交往前兩個月的事情。

選擇找他問這個問題，並不帶有特殊性暗示意味，或是想找話題與他發展曖昧的意圖，單純是直覺告訴我，他「足夠正直」，能以「中性、不帶色情的方式」和我討論這個問題。

或者說，他是我當時唯一、暫時「信得過」的男性朋友。

我真的非常想知道自慰套到底是什麼東西。在向他提問之前，我甚至以「Aircraft Cup」、「Masturbation Cup」與「principle」作為關鍵字，查詢了它運作原理的網路影片，但很顯然的，駑鈍如我，還是不懂它到底是什麼用途。為什麼與性相關的產品，可以發展出這麼多難以理解的東西？

「那個，可以問你一個問題嗎？」

「好啊！」

「真的嗎？可是這個問題可能有點……怪喔！」

「來，什麼大風大浪沒見過，給妳問。」

「那個……自慰套是什麼，怎麼用？」

「欸？妳幹嘛突然問這個？」

半夜兩點問這種問題，確實有點引人遐想。我搔搔頭，想挖個洞就地把自己埋了。

「沒有啦，就……剛剛在看黃明志的 MV，裡面提到肉靈芝，網友說那是自慰套，可是我Google了好久，還是不知道它是什麼。」

「喔，哈哈哈，想說那是男生在用的耶，妳怎麼會想問。」

幾分鐘之後，他傳了幾個網站連結給我。

「那個東西又稱『飛機杯』，就是模擬女性陰道的東西，裝上電池會自己振動、收縮，甚至比真人的陰道有更多樂趣。」

「喔，可是……」

他解釋完，我還是覺得似懂非懂，有些問題卡在那裡，但不知道怎麼提問。

「那……要怎麼放進去？」

我試著用腦中所有想得到的語彙拼湊出疑問。

「用潤滑液，然後讓陰莖勃起。」

「啊？勃起？」

頓時覺得自己羞紅了臉，還好在電腦螢幕另一側的他看不到我現在的表情。

「欸……」

「什麼？」

「我不是要探妳的隱私，或是歧視什麼的……可是……妳不是談過戀愛、交過男朋友嗎，應該有看過男生勃起的樣子吧？怎麼好像什麼都不知道呢？你們以前健康教育課都拿去考數學了嗎？哈哈。」

「啊……我……我不知道。可以不談這個了嗎？」

我跟他提過這種事嗎？我怎麼不記得了……

真糟糕，我的記憶力越來越差了。

一切都好混亂——

我確實有過性經驗，但還真的沒看過男生勃起的過程。

身體確實也會在過程中產生一些生理反應之類的，但我不知道該怎麼定義「那個感覺」，也始終無法在感受上與認知上將「性興奮」或是「高潮」連結起來。網路上關於性經驗的分享，都彷彿某種神祕主義，誰明白啊？

每次做那件事，我都雙眼緊閉，彷彿這一切與自己無關，「讓事情趕快完成」就好了。我沒有想過，我可以看、我需要看。或者，我有權利看。

我只是個被參與者，不是參與者。
又不是在實驗室用顯微鏡觀察染色的腦切片，誰會那麼仔細看男生的那個？
而且很尷尬又害羞啊！是那個耶！又不是指甲或耳朵。
這麼羞恥的事情，我辦不到。
反正，社會上有很多事，可以做，但不能說，不是嗎？
趕快配合完成，就沒事了。

♡

我想起了塵封在記憶裡的另一件事，我對那件事的記憶點，是菸味。
對方把嘴唇湊上來的時候，我聞到嗆鼻的菸味，可能在幾分鐘之前，才剛捻熄菸蒂。我想像他剛剛一邊在高速公路上飆車，嘴上同時叼著不知是長壽或是駱駝牌菸草的樣子。
我討厭菸味。
他像麵粉袋的身體沉重地壓上來時，我腦袋浮現的第一個念頭是這個，但我沒有說出來。我不敢說。

這是我的原則喔！不和抽菸的男人交往，連砲友都不能抽菸喔！

這是我的原則，那瞬間，我突然意識到這件事。原來我也是有原則的。

姑且不論抽菸的行為好不好，我就是不喜歡。

事實上，我也不接受砲友關係，到底……我怎麼會墮落成這副德性呢？

他違反了我的原則，我是不是該推開他？

腦袋浮現第三個念頭，但我仍然沒有採取行動，意識像是壞掉的遙控器，無法操控身體的行為。

他剛剛傳來的照片，是不是把打火機放在……他那東西旁邊當比例尺？

第四個畫面出現。我覺得自己好笨，怎麼沒想到，會帶打火機在身上的人，通常是為了吸菸呢？

我討厭他身上的味道，我不想跟他做那件事。

強烈的抗拒感從身體某處滋長，往四肢蔓延。但我仍舊沒有推開他，或說出些什麼。我唯一做的抵抗是把頭撇開，避開他的吻，雙眼絕望地凝視地板，盡可能減少與他的眼神接觸。

我感覺到他臃腫的啤酒肚在磨蹭我的下腹，他開始講一些疑似A片會出現、但我其實聽不太明瞭的垃圾話。大概是為了增加情趣，或覺得作為男性的他有義務說這些話，雖然，我在主觀的感受上一點樂趣也沒有。甚至於聽見這些僅存在趨近於形式上意義的詞彙時，非常倒胃口。我開始恍神。不知道自己到底在幹嘛，為什麼會跟一個陌生人躺在這裡，做著意義不明的事情。

已經進行到一半了，我可以推開他嗎？我可以說不想做了、停止好嗎？

第六個念頭冒出來，但我仍舊沒有說出口。

好像……「我有義務」完成這件事——這麼說好像有點奇怪，但當時，我是這麼想的。畢竟，「我幾個小時前答應他了」，「現在反悔」好像不太對？小時候，老師都教我們要當守信用的人，言而無信是不好的、毀約是不好的、出爾反爾是不好的。在性交時想起國小老師的教誨很詭異，但我確實想到這些了。

雖然他是陌生人，但他為了跟我性交，不顧隔天一早要上班的壓力，開了四小時的車從嘉義到台北，他付出了這樣的時間成本到我房間，如果我現在突然跟他說「我不想做那件事情了，對不起」，是不是很沒道德？雖然自己的腦袋產生這些想法，事後都覺得莫名其妙，但當時，我真的是這麼煩惱著。

他沉浸在自己的愉悅中，腦袋裡或許已經將我的臉置換為某位他喜愛的日本女優。他熟練地掀起我的睡衣下襬，褪去內褲，肥大粗糙的手指不斷摩挲我的下體，接著，一陣龐大又詭異的撞擊衝進我的裡面。

啊，壞了煞車器的火車撞毀在山洞裡。山洞無辜，山洞不知道發生了什麼事情，但是山洞崩塌了。

人們只在乎毀掉的火車與駕駛，沒有人聽見山洞的哭泣。

「他剛剛有洗手嗎？」我突然想到，他可能將積滿污垢的指甲放進我的身體裡，就覺得骯髒地想尖叫。

但，我噤聲。

如果我不喜歡、覺得不舒服，我可以說不要嗎？

第七個想法產生，但我仍舊沒有吐露隻字片語。我感覺自己的靈魂飄浮在房間上方，像顆半球狀的黑色監視錄影器，冷冰冰地觀看正在發生的一切，而這個穿著藍色無袖洋裝的女體像條剛斷氣的死魚，安靜地躺在魚販的冰塊盤上，一動也不動。

我想起那張他傳過來的照片，他的陰莖有點彎曲，具有明顯弧度的J字型，像聖誕節會收到的拐杖糖，或是曬乾而縮水的醃黃瓜①，當他放進來的時候，有點痛，但我沒有轉過頭去看，雙眼緊閉著，心中正在默數還有幾秒會結束。

1、2、3、4、5、6、7……如果我的靈魂有好好觀察表情的話，它應該會發現我額頭滲出的汗水，還有糾結的眉心。

男人在激烈的腰部運動與嘶吼之後，背部與肚腩都滲出汗水，滴落到我的身體上，我感覺到乳房濡濕一片。

我不記得男人的容貌了，在記憶裡模糊成一團只剩輪廓的肉色影像，大抵就是個普通的人臉——不英俊，也不至於嚇人的樣子——在路上錯身而過，一點印象也不會留下的那種。

完事之後，他慢條斯理地撿拾在地上的衣物，尷尬地對我笑。

「對不起啊，好像沒有讓妳爽到。」

我沒有看他的臉，我是靠聲音判斷他正在笑。我側身撐起身體，坐起來，面向牆壁，雙眼空洞的凝視著。月光透進窗戶，讓房間不至於落入無止境的黑暗。但這種光亮程度，也沒有太大的實質效用。

男人似乎有點歉疚。

「我之前不會這樣的，不知道為什麼，今天狀況不是很好。可能是太累了……」

我還是沒看他，牆上出現了一隻螞蟻，不知道什麼時候出現的，在我剛剛一閃神，牠就在視線範圍了。牠緩慢的往前爬，越過牆面上細微的裂痕。我驚訝在

①註：「一些有性冷感或是遇上性交疼痛的女性個案，她們對男性陰莖的形容，多半和情欲難以連結，像是覺得陰莖像軟體動物、蛇或拐杖等。」

——引用自《性愛的科學》，沈子棨著，PCuSER電腦人文化出版。

這種漆黑的環境中，自己竟然還能清楚地看到一公尺外的螞蟻。

「沒關係啦。真的。」

我聽見自己發出聲音對他說話，但目光仍停留在那隻螞蟻身上。為什麼牠只有自己一個呢？沒跟夥伴在一起。牠要去哪裡呢？那邊應該沒有食物才對。為何牠會半夜出沒呢？是不是發生什麼突發事件了呢？

我的思緒跟著螞蟻躡手躡腳前進。

「我沒有騙妳，我之前跟公司女同事做的時候，她真的很爽，叫得很大聲。」

男人繼續說，發出哐的一聲，大概是皮帶扣上的聲音。

「嗯，知道了。回去開車小心。謝謝你。」

我看到自己打開門，送他出小套房，像個站在店門口送走客人、畢恭畢敬的日式餐廳工讀生。

時間大概是清晨四點，天還朦朧未亮。

我不知道自己為什麼這時候還要這麼有禮貌，居然說了「謝謝你」。

我不想再當不敢反抗的好學生、書呆子！但同時，「不乖會被老師打喔！」「壞學生會被社會唾棄！」「不聽話會沒前途！」……大腦被這些言語塞滿。我想不起來這些話是誰說的，但它們像是壞掉的錄音帶，不斷對我重複放送，怎麼都關不掉。

我開啟 LINE，將他封鎖，將手機扔到書桌上，再吞了兩顆安眠藥，走回床上去睡了。

入夢前，有句話游進了意識：「就算是妓女，也有在最後一刻保留不脫衣服的權利。」

我真是，連妓女都不如。

睡了很長的一覺，可能過了十幾個小時，錯過了幾堂課。肩膀很緊繃，醒來的時候像是塊從污濁港口打撈上來的廚房用海綿，吸飽了鹹濕的海水，還有嗆鼻的石油味，混雜而沉重。我想不起來今天星期幾，日子像過了很久，中間卻什麼都沒有經歷。

我伸了懶腰，彎下身伸展小腿的肌肉，再左右旋轉舒展背肌後，才拿起桌面的手機。

昨天
你有未接來電來自091283xxxx，04/12，共計3通。
葉旻潔
11:24 a.m.

我看看時間，決定回撥電話給她，問她要不要一起吃午餐。

「妳昨天怎麼了，都沒接電話？」

「有點累，睡了很久。」

「還好嗎？」

「我能說一件事嗎？」

「好，請說。」

「不要嚇到喔……」

「不怕不怕，姊連蜘蛛都不怕了。」

「我跟陌生人上床了。」

「欸？怎麼突然……妳不是不喜歡砲友關係嗎？怎麼回事？」

「我也不知道，現在頭好痛、好暈。」

「他逼妳的嗎？」葉旻潔的聲音聽起來有點著急，背景有汽車呼嘯而過的聲響。

「不是……我答應的。但……不知道怎麼說。我也不太懂我自己，不是很想答應，但好像拒絕不了。總覺得……他是好人，所以自己好像有什麼義務要陪他做這件事。但我現在挺後悔的，覺得很痛苦。好像……自己被剝削了什麼。」

「妳現在還好嗎？要不要去陪妳？」

我猛然點點頭，過幾秒才意識到她看不見我的表情，才趕緊出聲答覆。

二十分鐘後，她帶著兩瓶蘋果啤酒與兩盒豬排飯出現在我的房門口。

「事情怎麼發生的？如果妳不想說也沒關係，但妳想說的話，我願意聽。」

她找了個空地盤腿坐下，開始把食物從塑膠袋裡拿出來。

「我昨天，或者前天晚上？很寂寞。寂寞到……覺得心臟好痛，全身都不舒服，在床上翻來覆去。很難形容那種感覺，但就是非常難受，很想哭，很想吐。可是，我不知道該找誰說話。我不敢打電話給妳，怕妳做實驗很忙，我也不敢打給其他同學，他們最近在實習，常沒空回我訊息。我眞的不知道找誰……」

我抽抽搭搭地哭起來，說話變得含糊不清。

「妳可以不要評價我嗎？不要道德譴責我……」

我將身子往後挪移一屁股，低著頭懇求她。

「當然，我不會批評妳，放心說吧！」

「每到冬天，我就會感到無比寂寞。非常痛苦……妳懂嗎？所以我就開始用交友軟體，跟陌生人聊天。我一開始真的只是要聊天而已，真的。」看到葉旻潔點了點頭，我才繼續說：「可是……對方突然開始聊色情的東西，我覺得不太自在，可是好像不跟他說下去，他就會離開對話窗，不再跟我聊天了。後來，他就問我要不要跟他上床，他一直說服我。我不知道該怎麼拒絕他，就發生了。」

到底為什麼會這樣？

為什麼？

我好討厭這樣的自己……

我到底在幹嘛……？

葉旻潔聽完便起身，往廁所走去，抓了一把衛生紙塞到我手上。

「辛苦了。」

她沉默了幾分鐘，等我的哭聲停止後才繼續開口說話。

「這次就這樣，不要太責怪自己，如果妳需要去醫院檢查，我再陪妳去。但下次記得，這是妳的身體，妳也沒有虧欠對方什麼，妳絕對有拒絕的權利。不論妳有沒有事前答應，妳隨時可以反悔，妳隨時可以喊停。這是妳的人身自由，妳有性自主權——妳想要做，沒有人可以對妳道德批評；妳不想要做，也沒有人可以用任何形式逼妳就範。真正愛妳的人，會等妳準備好、等妳確實同意，才會和妳做愛。才不會沒事盧小小，一直逼迫妳。性交本身是中性的行為，就是生物繁衍後代的機制罷了！但人類比較複雜，自願的情況下和心儀的人進行，是愉悅的；但在非自願的情境下，與沒好感的人做，味如嚼蠟，甚至是痛不欲生。」

她靠近我，雙臂抱住我，在我耳畔輕聲說：「拒絕真的不容易，但妳要練習起來，學會照顧好自己。這個社會對女性不合理的道德譴責有很多，甚至是難以察覺的存在，但妳千萬不要譴責自己。以後有需要，就打電話給我，不要擔心會麻煩我，知道嗎？」

我把頭埋進她的臂膀，開始嚎啕大哭。

冤家路窄

我以為我跟那個人再也不會見面。

但冤家總路窄，越不想遇到的，越像雨天濺上身體的爛泥，甩也甩不掉。

那段日子，我一直期待自己能夠雀屏中選，成為出訪日本的學生代表，好藉由成功的生命經驗洗刷醜陋過往。

從高中開始選修日文作第二外語，夢想著能夠去日本一趟。不是自助旅行的那種，而是透過學校或是特定組織的方式去日本，能夠更深入學到什麼。上了大學仍舊孜孜不倦地進修，當看到國際事務處張貼出赴日交流的公告時，我歡喜得無法言語，那是我等待許久的機會啊！

甄選需要半年時間，得寫厚厚一疊提案計畫書，還有日文簡報比賽及單獨面試等多道關卡。我可是連搭公車、洗澡的時候都在模擬練習！

終於，一年之後，如願以償，我在學校網站的正取名單中看見自己的名字。

努力的汗水終將換來甜美的果實，一切看似如此美好，我的生活就將要改變。那些不好的回憶，從今往後都能一筆勾銷，不再干擾我的成長。我一直是這麼期盼著，直到、直到……出訪團行前會那天，我才發現，自己仍舊是令人厭惡的松子，擺脫不了厄運的糾纏。

我看到他了。

我彷彿預見了自己慘死的模樣——躺在發黑的血泊當中，過了很久以後，才被陌生人循著屍體惡臭發現。

他西裝筆挺的坐在會議桌的一角。那個人笑意橫生地和旁邊的女生嘻鬧著，恍若他們已相識一輩子之久。我不禁想著，難道他都是這樣跟女生相處的嗎？她是他下一個獵物嗎？

不可能認錯的，就是他。

那張讓我聞之喪膽，恨不得忘掉，卻又擺脫不了的臉。噁心至極。

本該讓人放鞭炮慶祝的喜事，卻因為他，頃刻間全毀了。

他為什麼會出現在這裡？

初階、進階培訓都沒看到他啊！

我當時還非常小心翼翼地確認過參加名單。

爲什麼？

爲什麼？

爲什麼？

我頓時感到天旋地轉、雙腿發軟，像氣喘發作，空氣稀薄如月球……

那天，我第一次恐慌發作。

我撿了對角的位子坐下，確保自己能在安全距離外，心臟狂跳，氣管緊縮，額頭滲出汗水。

「為了確保你們的安全，從桃園機場集合開始，到回來台灣之前，都要緊緊地跟著我，不能脫隊。你們出意外，我很麻煩、你們也是。脫隊就拿不到保險嘍！更何況，你們是代表學校出訪的，要有禮儀。」帶團老師在台上拿著麥克風，說明出團規則。

我未來出國整整十四天，都要跟這個人待在一起嗎？我感到胸口一緊，而且是「非、常、近、的距離」？

我一點都不想和他近距離相處，何況是幾乎二十四小時不得分離的團體行動。那簡直是明知道炸鍋滾燙，卻硬把自己手往裡頭浸。

可是……保證金已經繳了。不全程參與的話，就拿不回那筆錢了。雖然只有一萬多元的機票錢，但我實在放不下打工很久才存到的旅費啊。

憑什麼他傷害了我，卻是我躲他？好不容易爭取到的機會，卻要為了傷害我的人而放棄？

為什麼他會在名單上呢？

他又沒有參加甄選……

該怎麼辦呢？我不斷問自己。

「喔，因為他是學生會長啊，理所當然要代表出席嘍！這是慣例，不用經過甄選啦！」

向團長澤民旁敲側擊之後得到這個答案。

我不想跟他共處兩星期，而且形影不離。

我一定會崩潰……

該怎麼辦呢？

他對我做過的事情，如被擊毀的玻璃，裂出一圈一圈的蜘蛛網痕，將我對人際關係的信任全數摧毀，而且再也不可逆。

但我已經不想、也沒有力氣再責問他，當時為什麼要那樣傷害我。對我來說，他這個人再也不重要了。即使他給了理由與道歉，也一點意義都沒有。

眞的，不重要了。

只要，他從我的世界消失，就好了。

《為什麼會是我（性犯罪被害にあうということ）》作者小林美佳：「對我來說，被強暴的事實，既不是過去的事，也不是能夠克服的陰影。而是已經變成構成『我』這個人的一部分了。」該怎麼面對日後這個「變質的」自己，才是重點。

而我，始終沒有準備好去面對傷痛。

我想不到解決辦法了。

痛苦的時候，我就會自暴自棄，再做出更多傷害自己的事情。

我想休學。

常覺得鴕鳥把頭埋進沙堆裡不是愚笨，是牠真的沒辦法了。面對外在的壓迫太過痛苦，不如選擇不看、不想，暫時就不會那麼痛了。而我現在，是隻病到羽毛全都脫落的鴕鳥。

「不要隨便休學、隨便放棄好嗎？」父親拒絕我的請求。

「拜託……我快崩潰了。有我不想見到的人……」

「不然妳說說看，是什麼原因，我們再來評估。」

我不想跟性侵我的人一起去日本。

當時的我想告訴父親，但我說不出口。

我們家很保守，不能交男朋友、不能有婚前性行為，連偶像劇出現接吻畫面，空氣都會靜默三秒鐘，並發生集體失憶現象，直到電視畫面掉到下個情節。

如果他知道我已經不是處女了，不知道會不會打死我。

可是，我現在感到的恐慌，其實也跟死了差不多。

「人生沒有什麼難關過不去的，看妳怎麼面對而已。都好不容易通過甄選了，就當去日本玩吧！別想太多了。」他擺擺手，轉頭回去看電視，插了塊鹹酥雞往嘴裡送。

行前會共有三次，第二次是幫忙製作活動用的手工飾品與海報。因為預期將見到他，我焦慮地在會議室前徘徊將近半小時，才鼓起勇氣走進去。會議室約莫十幾坪，裡面有幾張辦公桌和一張沙發與茶几。

這是我第一次有機會跟團員聊天，然而，這回只有幾個人出席。聽說是撞期到其他學校會議，其他人都是社團幹部，去開會了。而出席的人似乎也原本就熟識，讓我有些不知如何是好。我隨意挑了個位子坐下，簡單自我介紹後，就開始幫忙摺學園祭布置要用的紙鶴。

「〇〇〇說他等一下會來幫忙喔，大概半小時後到吧！」正在摺紙的學長突然開口。

旁邊的學姊看看手錶，接著說：「是喔，但我猜他八成不會到吧！他每次都這樣，哈哈哈。」

「他每次都這樣？」他怎麼樣？什麼意思？我想問，但沒說出口，畢竟我跟他們都還不熟識，這樣發問似乎有些唐突。

他是不負責任的人嗎？如果我認識他久一點，是否就能察覺危機，而避開那件事？

我持續警戒到了九點散會，那個人還是沒出席。

第三次會議，我請了病假，拜託同行的謝伯倫替我抄筆記。

我實在克服不了要和那個人見面的恐懼感。

Date：2013年2月27日

Dear diary：

花若盛開，蝴蝶自來。

(我是大便，所以只有蒼蠅。)

要成為更好的人，美好的愛情就會出現。

(我努力到都得到創傷後壓力症候群了，還不夠嗎？)

要學會獨處、愛自己，才有能力愛別人。

(害怕寂寞，難道是一種罪過？)

當喪盡家產，連續摃龜三千六百次刮刮樂之後，

大概再也不會相信頭彩存在了。

失戀越多次，就越失去自己值得被愛的信念。

在一次次被傷害的過程中，

自尊心被銷磨得蕩然無存，認知也被曲解的歪七扭八。

什麼是愛？

我真的有資格被好好對待嗎？

長輩老是一面告誡我們，一分耕耘一分收穫，要努力才會有回報。卻又說強摘的果子不會甜，船到橋頭自然直。社會上充斥著這麼多矛盾的訊息，我到底該相信什麼呢？

第二回／鏽蝕的靈魂／

吃一塊發霉的蛋糕
看它蔓延的綠色菌絲
在胃裡扎根
想像自己嘔吐的樣子
在穢物中的
僅僅是垃圾，不是真心

喔，你剛剛問我怎麼了？
只是洗了臉
沒有哭

遭受長期而重複創傷的人，會發展出潛伏而持續惡化的創傷後壓力症候群，足以侵害並腐蝕人的性格。
——茱蒂絲．赫曼（Judith Herman），《從創傷到復原》

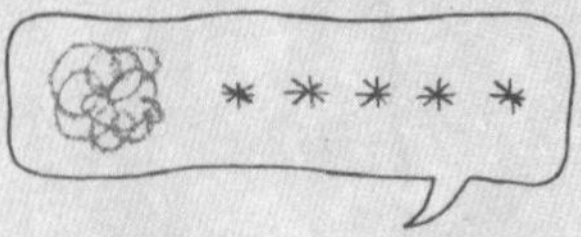

※ 同校男同學（走廊錯身而過）

“我未來的女朋友，要像白花一般純潔、乾淨。”

※ 朋友的朋友（噗浪發文）

“有幾分證據說幾分話吧，她的 #MeToo 指控該不會是政治陰謀，為了讓他當不上立委？真是最毒婦人心。”

網民（網路新聞留言區）

“她也不看看自己長什麼樣子，怎麼可能有人想對她做什麼啊？根本是為了炒作名氣吧？真可憐，竟然要用這種題材賤賣自己……”

學生（公車站牌旁閒聊）

“果然是「人帥真好，人醜性騷擾」，台女都很假掰，我們男生好可憐喔！”

不同陣營

男人的腦袋究竟安裝哪個系統的邏輯？竟在消失得無影無蹤一年多後，突然找上當初自己甩掉的女人，問她：「難道我們不能好好做朋友嗎？」

搭飛機前一晚，那個人突然用臉書傳了訊息給我。我看著螢幕，握著手機直發抖。我們什麼時候真正當過朋友了？朋友是這麼廉價的關係嗎？可以說丟就丟，不用任何理由？是多麼自大的一個人，竟認為自己有權利將他人呼之即來，揮之即去。

「我們從來不是朋友，以前不是，以後也不會是。」我厭惡地打下這些字，差點沒把手機捏破。

交流第二周的學園祭，我們分為三組擺攤，兩人成單位輪班。正當我極度惶恐休息時間會和那個人排到同一時段時，一旁的謝伯倫突然對我說：「不然我們一組好了，等等休息可以一起去逛攤位，我已經想好要吃什麼了。」

沒意識到他什麼時候出現在我身旁，我順勢答應了。有個稍微熟悉的人在身邊，至少會安心許多。卻沒料到，在另一組的那個人，因故換到跟我們同時段休息，還在逛校園時正面遇上。

當我驚詫得差點吞掉自己的舌頭前，他竟先聲奪人：「你們該不會在談戀愛吧？齁……都偷偷來。」霎時間我臉色鐵青，一時不知如何是好。

為了撇清跟我的關係，急著把我推向別人，是嗎？

作賊心虛，是嗎？

這時，謝伯倫突然變成老鷹，像要保護雛鳥一般，張起雙臂回嗆：「是又怎麼樣？關你屁事。」那是我第一次聽他罵粗話，竟覺得有些可愛，不禁莞爾。

「你剛剛怎麼那麼兇？你們不是好朋友嗎？」我一臉疑惑。

「誰跟他好朋友？只是在同社團合作過。他很多事情沒做好，我早就很不滿了，要不是他剛剛那語氣跟表情太沒禮貌，我才懶得理這種人。」

「是嗎？他不是人見人愛、大獲好評的學生會會長？」

「那可能是妳沒參加學生活動才不知道，他只是把個人形象做得很好，私底下又是另外一回事了。」

原來，他們兩個是不同陣營的。

或許，我可以試著相信謝伯倫？

初雪

十二月初，大阪已經降下初雪。

活動第一天，我們抵達關西國際機場時，已是日本時間晚上十點，廣田大學的學生代表和老師已在接機大廳等候我們多時。

首席翻譯澤民與他們講了幾句話之後，轉過身示意我們列隊排好，要在機場拍團體照。帶團老師拿出背包裡的紅色大布條，請站在第一排的同學拉好。

國立正義大學赴日本廣田大學友好交流團

正當我百般不願跟他出現在同一張照片的時候，忽然憶起出發前葉旻潔曾經百般叮嚀我的安全計畫（safety plan）：避免和那個人單獨相處、不要落單、找到能共度這兩周的朋友。

對，朋友。

我必須找到「盟友」，讓我安全度過這如地獄酷刑般的兩周。

就梅子吧！

她看起很健談，也很天真無邪的樣子。

在大家排隊準備搭上小巴的時候，我搶先到梅子旁邊，問她待會可不可以坐她旁邊，有事想和她聊一聊。

小巴開了很久，街道上沒什麼行人，只有兩旁的路燈盡忠職守地吐出黃光，相當寧靜。尚未等到我開口問，梅子就開始滔滔不絕地講述他們系學會的事情。我靜靜聽著，並沒有回覆，畢竟那些都是我沒參與過的活動，實在難以置喙。

抵達廣田大學為我們準備的飯店之前，梅子突然站了起來，差點撞到車頂，她調整腳步後說：「來日本的第一天耶！別人還在水深火熱的期中考，我們來日本玩，拍張照羨慕死其他人吧！」大家便全都轉頭靠攏在一塊，對著梅子高舉的手機微笑。

抓了空檔我瞥了一眼那個人，他坐在小巴的右前方，裝忙似的和澤民聊天，沒有加入自拍行列。

行程比我想像的無聊許多，大多數時間都坐在教室裡開會，或是被帶去見廣田大學的校長、教務長之類的大人物，然後交換紀念禮物、合影，諸如此類的官方儀式。而開會的時候，也都是那個人——不，學生會長，和首席翻譯澤民在和日方說話，其他人就只能穿著西裝擺出微笑，端坐在長條會議桌的兩側，列隊出席，卻沒有話語權。

像一場靜坐的修行，身體不能隨意移動，笑容不能垮下來，並且得不斷叮囑自己：「妳是代表正義大學來參訪的！要注意禮節，不可以毀壞校譽！」

我感覺自己像個裝飾品，沒有實際存在的意義。

所謂的正式場合，就是這樣嗎？無聊。

所謂的官場，就是這樣嗎？繁文縟節。

所謂的成人世界，就是這樣嗎？虛偽。

思緒飄到很遠的地方，回不了台灣，也不想待在日本，更不想滯留在這個身體裡。

每一刻都過得無比漫長。

但哪裡，也逃不了。

倒數第二天晚上，我們住在一間位於郊區的溫泉度假旅館裡，看起來像是個巨大的體育場，一進門便見到好幾個穿著浴袍走來走去的日本人。

「我們今天晚上住這裡，待會請大家先去房間放行李，再到三樓會議室開檢討會，之後就能好好休息了！這邊的溫泉很棒喔，當地人假日也會來休息一、兩天。因為這邊都只有寫日文，沒有英文標示，大家結伴而行吧，避免迷路。」

澤民拿著幾串房間鑰匙開始交代事情，專業程度比帶隊老師更甚。

溫泉館的機能很健全，彷彿走入電影《絕地再生（*The Island*）》中給複製人居住的空間，完全與外界世界隔絕。裡面除了有居酒屋、拉麵店和電動遊戲場外，還有一整層自由閱讀的漫畫影視區，在這裡待上一、兩周完全不成問題。

梅子來過日本很多次了，跟我細細講解泡湯的流程，我們約好十一點半在浴池入口集合。雖然做足了心理建設，我對裸湯仍感到抗拒，不想讓別人看到我的裸體：有肥胖紋的屁股、凸出的小腹、長滿青春痘的背部、外擴的胸部……太可怕了！連自己都不願意觀看的身軀，怎麼有膽暴露在他人的眼光之下呢？

唉，有時候真想換個身體使用。

「真的不能圍浴巾進去浴池嗎？」

「不行啦！沒有人這樣做。別擔心，妳待會淋浴的時候，就先偷看一下旁邊的人好了，其實沒有多少人的身體是完美的。又不是大家都像電視上的藝人那樣，對吧？」梅子拿著澡盆，用手肘輕輕碰了我一下，呵呵呵地笑了起來。

「到前面置物櫃那裡就要把衣服脫光了喔，妳有三十秒可以做心理準備，好好把握！」

我們先挑了有 SPA 按摩床的浴池使用，水柱不斷地衝擊背部穴道，這半年來的壓力似乎慢慢紓解了。

「為了這個溫泉，來一趟也值了。」我轉頭向梅子說。

這時候，有個女人把腳尖探進了浴池，是毛子凌。她對我們示意微笑，便自個兒在浴池的另一頭閉目養神了。

毛子凌是美妝社的社長，也是這次出團的學生代表之一。這幾天我沒跟她有太多接觸，她總是被團中其他男生們包圍著，萬綠叢中一點紅。我忍不住把目光停留在她身上，遇熱而變得潮紅的面頰，像顆鮮嫩欲滴的蘋果，身體毫無贅肉，肌膚晶瑩剔透，還有完美的桃子臀跟水滴型乳房。沒想到穿著時髦的她，卸下戰袍之後，仍如此無懈可擊啊！真是羨慕。

她舉手投足間的自信，不無道理。像地熱、像溫泉，從更深的地方，汩汩而出。

如果我的身體也像她那樣美好，是不是，就不會被隨便拋棄了？

是不是，只有美麗的女子，才有獲得眞愛、被善待的資格？

幸福究竟是由哪些元素組成呢？

梅子似乎沒注意到我因為自卑而些微扭曲的表情，閉著眼喃喃說著：「翊姍，我們等等泡完去買牛奶喝，剛剛看到自動販賣機裡有好幾種口味，都很不錯的樣子！而且是玻璃瓶裝的那種喔……」

Date：2010年10月15日

Dear diary：

今天早上升旗典禮之前，

蔡欣叫我借她數學習題本，她説昨天忘了寫想要抄。

我不想借她。自己沒寫作業，後果應該要自己承擔吧！

我花了多大力氣、犧牲多少睡眠時間才完成的東西，

為什麼要平白無故借她抄？

我心中百般不願意，但她是「喊水會結凍」的班上大姐頭，

我哪敢得罪她，所以最後還是借她了。

我好討厭這樣的自己，

這麼軟弱。

第三回／為什麼這樣對我／

有一種毀滅，
是親手把自己送進地獄。

《性平法》處理最多的案件，是學生之間不成熟的男女互動關係，尤其是未成年學生之間的性行為以及性騷擾。處於成長的學習階段，需要性教育來引導以及抒發學生萌芽中的性意識以及性需求。

——戴伯芬等，《性別作為動詞 巷仔口社會學 2》

我不否認有些人可能在事後反悔，造成誣告的情形存在。但如果一開始就違反女方意願，一定是不被允許。事後反悔這種情況對於男方而言，確實會產生擔憂與困擾，畢竟我們不太可能在進行親密動作之前還要先簽名畫押（簽訂所謂的行房同意書？），但我覺得對彼此的尊重是作為人最基本要素，因此事前溝通，確認彼此的意願更是重要。

希望我的回信能帶給妳一點力量。
聽說心情差的時候，聽悲傷的歌反而比較有療癒效果。
在說晚安之前，為妳點播一首歌：

就像打開一個罐頭那麼容易
丟掉空罐頭也是合乎一種邏輯
三合一即溶咖啡無法挑剔口味
即溶愛人至少擁有　一刻鐘的幻覺

——郭靜〈即溶愛人〉

隔壁小明（網紅）

親愛的姍寶，感謝妳的來信，我應該能這樣稱呼妳吧？

就我自己的觀點來說，妳信中提及的情況，究竟誰對誰錯，其實沒有絕對的標準。

法律上的判決僅僅是判決，它無法代表對與錯。

考量到為了避免誤將沒有發生的事情判決為發生，導致人民自由權受到侵害，法庭上會以「沒有拒絕」為由判決相對人，也就是妳信件中提及的男性友人無罪（即刑法上「無罪推定原則」的概念）。

但這並不代表在這件事當中，妳的權利就一定沒有受到侵害。

就如同日劇《王牌大律師》所說，「真相不重要，法律的工作就僅僅是工作。」我再次強調，判決結果即便是「不起訴」，也不代表妳所受的傷害應該被否認、被磨滅。

離開法律問題，回到現實生活上，我認為妳提及的情況很難去界定誰對誰錯。事情發生的當下很可能受害者的思考能力是脆弱的，或是太過害怕做出反抗而導致更大的生命危險，而沒有拒絕，甚至是表面上配合完成性行為。然而，在網路上留言的酸民們，沒有一個人是真的在事情發生的現場，自然也就不能理解當下的狀況。

男朋友

當初我到底是怎麼認識那個人的呢？

為了提前應對畢業即失業的危機，我決定多認識一些朋友以建立人脈，把Facebook 當 Linkedin 使用，只要有共同好友的、未來有機會合作的，全加進臉書好友名單。

什麼網路安全、什麼注重隱私，當時才沒有設想那麼多。馬斯洛說，生理需求先得到滿足，才有餘力顧及安全需求。若我找不到工作就沒飯吃了，安全什麼的，才沒多餘的力氣煩憂。

曾經，我以為朋友是多多益善，但漸漸發現，就像母親說的，孽緣也可能因此變多。

那個人就是這樣進入我的朋友圈。

我也弄不清楚，他為什麼會出現在我的臉書好友名單裡。可能是之前參加過同一個活動吧？總之，那陣子我剛被一個暗戀的男生拒絕，又正值容易使人憂鬱、寂寞的寒冬，試圖尋找能建立新關係的對象。我指的親密關係是「intimate relationships」，是心靈能夠緊密相依的伴侶關係，不僅僅是肉體上緊貼的那種。

然後我看到他的發文，寫了長篇學生自治組織檢討心得，臉書首頁也掛滿落落長的活動幹部資歷。應該是個肚裡有墨水的人吧？

我總是特別容易被有書卷味及領導特質的男生吸引——我想起了高一崧。於是，便隨意找個話題跟他聊起來了。他大概是個社交能手，總能不間斷地把話接續下去，並逗得我呵呵大笑。

「下周學生會辦了聖誕晚會派對，妳要不要來參加？有很多好吃好玩的喔。」他說。

「喔……我不太喜歡人多的場合。」

「但是，這場活動是我策畫的，來看看嘛！還有調酒！」他繼續說服我。

「還是算了，祝你們活動順利。」

「不然這樣，妳來參加，我去把裡面的蛋糕、飲料拿出來，我們到學生活動中心前的廣場吃點心聊天，如何？就不用怕人太多了。」

活動結束後一周，他用那天在派對上拍我的照片製作成電子賀年卡送給我。

這是禮物？

那他喜歡我嗎？

他想當我的男朋友嗎？

雖然我們認識不久，但我想他是個好人，以在學校社團的工作表現來說，應該是個不錯的對象吧。媽媽常說，日久見人心，感情的事情急不得。但現在的人，不都是參加了活動、企業實習，短時間認識個人就交往了嗎？認識的長短應該不是那麼重要，合不合拍才是重點？

我想要一個男朋友。

我想要被愛。

我想要擺脫寂寞。

他應該是喜歡我的吧？

那就夠了。

隔周周末，晚餐後，他提到想帶我去學校附近的巷弄散步。

我以為，像任何一對大學情侶一樣，手牽著手，談天說地，一起建構對居住社區的認知地圖，這樣就是男女朋友了。

我化了淡妝，穿上牛仔褲、雪紡襯衫和軍綠色風衣外套，配上一只菱格紋側肩包。

我不太敢看他，總覺得害臊。視線盯著腳尖，踢踢踏踏路上小砂石，專心聆聽他分享最近的專案進度，耐心等到一個段落再用力點點頭，給他正向回饋。

我無法確定正常的情侶都怎麼約會？畢竟我沒有經歷過太多，無法得知，一次真正快樂、幸福的約會，是長什麼樣子。

我們走路的時候，靠得很近，隨著步姿的左右晃動，不時肩頭磕碰在一塊。

我想起關於人際距離學（Proxemics）[①]——唯有極親密的對象，例如母

①引用自《寫給每個人的社會學讀本》（自分を知るための社会学入門），岩本茂樹著，時報出版。

子、夫妻、情侶……才會「侵入」對方約四十五公分以內的「私密領域」。在如此近距離的情況下，能清楚感受到對方的體溫、呼吸與氣味，若非關係十分親近，兩人是不會靠得這麼近。似乎也有些市售的兩性書籍教導讀者，刻意親觸對方的肩膀或大腿，看對方有沒有躲開，以此判斷是否對自己有好感。

所以，他喜歡我嗎？

「嗨，你怎麼在這裡？」突然有個男同學迎面而來，向他打招呼。

「嘿，就剛好要買東西路過啦！你吃晚餐了沒？」

他瞬間往左邊閃過一步，將我們之間的距離拉開至一公尺左右，彷彿他不認識我。

「吃過了，正要回家。下次約吃飯啦！」

「好喔！下次約，掰掰。」

「有點冷，我們進屋內好嗎？」男同學離開之後，他又靠近我。

我愣了半晌，雖然微風習習，但我們都有穿外套，並不至於冷吧？況且才剛出來走不久。

「要去哪呢？」我說。

「去妳家，可以嗎？」

我想，沒差。去大廳吧，那有沙發跟電視，我們能坐著聊天。

但大廳客滿了。外籍生們買了披薩和汽水在聚會，歡鬧不已。

「去妳房間好嗎？」

我遲疑了一下，想要拒絕，畢竟我們真的認識不久。但……我對他有好感，想和他再多聊幾句、多相處一會。而且，之前其他男同學上去我房間借課本，也沒發生什麼事。

我便領他進門，我們一起在單人床上坐下，目光都停滯在白色的牆面，沒有看彼此。

我等著他開口說話，和我聊天。

在網路上，他是如此能言善道，怎麼今日卻省起話來呢？

「妳去關燈。」

我拒絕了他，於是他起身把開關按熄，接著用力把我推倒在床上，扯掉我的牛仔褲，掰開我的雙腿，用全身重量貼伏到我身上。我努力扭動，但他的力氣實在太大了，我無法動彈，最後只好放棄掙扎，任他擺布。

——這是我希望自己記得的事件版本。

但事實並非如此。我想不起來確切的細節了。太痛。記憶是破碎的。只能拼拼湊湊出這個故事版本。

我自己起身走到了門邊把燈關掉，再走回床沿坐下。

我坐得直挺挺的，像是站崗中的憲兵，脊椎骨拉得筆直。

我猜想，接下來他會溫柔地親吻我的額頭，像浪漫的韓國偶像劇一般吧？

迅雷不及掩耳，思緒還沒反應過來，他的雙唇在黑暗中便精準的貼上我的嘴，一手撐著床墊，一手握緊我的右乳房，不停的揉捏、按壓，像是要捏破中學畢業典禮朝教師砸去的水球。痛，我好痛，不知道怎麼辦。他用氣音繼續說著：「我真的很愛妳，很喜歡妳。妳是很棒的女孩。可以認識妳是件美好的事情……」他氣喘吁吁。

我不確定他接下來想做什麼，腦袋被各種混亂的思緒攪動成一團泥漿，難以流動。一絲恐懼的念頭閃過，就像流星，眨個眼就消失了，來不及捕捉。

一切和我預期的劇本並不相符。

我該推開他，然後尖叫，再奪門而出嗎？

那太蠢了。被宿舍管理員知道我沒有經過登記就帶外人回房，會被記違規的。而且，那樣的話，鄰近房客可能都會探出頭來看我，這樣實在太丟臉了。這些房客幾乎都是我們學校的學生，萬一上了新聞怎麼辦？

還有，他剛剛說他愛我了。

他又親我了。

他脫去我的衣服了。

我們現在是什麼關係？

所以，我們是男女朋友了嗎？

我喜歡他，所以我願意讓他摸我。
我喜歡他，所以我願意讓他親我。
我喜歡他，所以我願意跟他性交。
因為，他剛剛說他愛我了。
他把皮帶解下，褪去褲子。
他伸出平常握筆的手指，參選學生會長登記的手指，在欲望的凹槽不斷來回戳刺。
「妳想不想要？想不想要啊？說妳想……」河馬一樣哈氣。
我遲疑了一會，然後極度緩慢地點頭。不發一語。
「那妳握著它，幫我放進去。」
那是難以形容的神奇觸感，表皮滑滑軟軟的，但裡頭又硬得很。
我握著他的欲望，親自放進我的懦弱。

我用力的夾住他，感受擁有他、包圍住他的感覺。
這是愛嗎？
他愛我嗎？
這是我的義務嗎？
我困惑了。
「我們換姿勢好不好？」他說。
他指示我趴到書桌上，雙手按在我的髖骨，從後面用力往前撞，他一使力，指痕就深深陷入我的肌膚。他持續前後搖晃，搖晃著他的權力，他的欲望，他的大好前程。他的掌聲扎實地落在我無法防禦的背後。
清晨，肉販的屠刀拍打豬肉的聲音，亦是這般爽脆。
我看不見他的臉。我把頭埋進雙臂裡，任由思緒飄忽到遙遠以前的記憶深處，曾經看過一部電影，講私娼寮的故事，某個蠻橫的黑道大哥想要硬上一個年輕的妓女，但妓女早有心儀的對象，正等著對方籌錢把自己贖走，而不願意接客。在年輕妓女被嫖客一巴掌打到摔倒在地時，年長的妓女出來解圍了。

「妹妹她最近月事來，身體不適，不能接客。經血沾了您的身子也晦氣，不如讓我來服務您吧！」

「這還差不多。就看妳面子，這次放她一馬。妳得好好補償我啊！」嫖客便把年長妓女壓在古樸的梳妝台上，將旗袍掀起，從後面插入。

影片裡嫖客的臉面始終沒有入鏡，畫面最後停留在資深妓女面無表情盯著銅鏡裡的自己，身軀不斷前後晃蕩，偶爾因被過猛力道拍打而疼痛的哀號聲。

我自己的容貌，疊合到那個妓女的臉上了。我為什麼無法掌控自己的命運呢？

難道，我只是他洩欲的工具？

♡

現實生活中，愛情的劇本是怎麼寫的呢？以前跟某個國中同學聊天，問他和女友怎麼在一起的？是誰告白的呢？當時說什麼？

親手做的卡片？

一首詩？

親友團獻舞？

擺成愛心陣的紅蠟燭？

他說：「哪有什麼告白，就某一次出去玩，在路上散步，我把她手牽起來，她沒有甩掉，就算開始交往啦！到現在也兩年多了，也沒有特別確認關係啦！說出來好尷尬，反正她知道我知道就好啦！」

還有另一位男同事，店裡周年慶那時，忙得不可開交，下班後店長請我們一起去吃熱炒，大家灌他啤酒，要他說和女友怎麼在一起的。

他一張大手把通紅的臉頰擋了起來。在大家不停鼓譟之下，才鬆口說出：「她就是朋友的朋友，有一次一群人一起去海邊玩認識的。後來第二次又約了去夜遊台東，跟第一次一樣，女生就一個一個分配下去給男生載。然後騎到一半，她突然從後面抱上來。我也有點喜歡她，便讓她抱著了。後來又私下約了幾次出去玩，就當作是交往了，也沒真的說開啦！」

那一天

學校一直教導學生，面對性侵要懂得說「不」，卻沒教導什麼是「性侵」。

——沈月①

事情過去很長一段時間，我才能嘗試將它寫下來。畢竟，事發當下太過混亂，我根本不明白到底發生了什麼，事情已經超乎我的理解範圍，找不到相應的語彙。每次回想都十分痛苦。即便面對日記，或是無人的樹洞都一樣，祕密還是祕密，總是說不出口。

就連面對自己，也無法誠實。

就算當時，我已經十九歲，已經上了大學，已經是社會大眾眼裡的成人，我的思想跟行為還是不足以應付這些。沒有足夠的判斷力去辨別是非對錯。

（以前的教育裡曾教我們兩性溝通、什麼是性行為、什麼是性侵嗎？）

（我不確定……最近幾年，我的記憶力變得很差，什麼都記不清楚。說不定國中、高中有這些課程，只是被老師拿去上數學、上英文了。）
（成年的意思，就是再也沒有人會保護我、憐憫我了嗎？）

好想告訴自己，當時到底怎麼了。
可是我搞不清楚，世界混亂成一片，我找不到正確的話語訴說。
一切的一切，都像梗在喉嚨裡吐不出來的痰，噁心又不斷繁生。

我有痛苦的資格嗎？
我的經驗……算是「性侵」嗎？
我可以使用這個詞來形容那件事嗎？
可是……我當初沒有「奮力反抗」、沒有「尖叫」、沒有「扭打」……
甚至，是「配合」他完成所有的程序。
甚至，那當下，身體感覺到的，其實是舒服的。

①《你曾以為「性侵」是情侶間會做的事：別無他法的愛》，陳銘智著。

（這件事讓我更自責。）

對他而言，搞不好只是你情我願的「一夜情」罷了。

（如果我跟他認知到的「真相」是有落差的，那誰才是對的？）

只不過，若真的是你情我願的合意性交，那為什麼我感覺不到快樂？為什麼直至今日的每一天我都會陷入自責與恐懼之中？甚至被源源不絕的噩夢嚇醒，覺得自己真是噁心的賤人、次級品……用盡一切譴責婊子的形容詞來標示自己？有誰懂，厭惡自己、覺得自己萬分骯髒的痛苦？無時無刻都感覺到自己從骨子、靈魂裡散發出來的臭酸味。我可以刨掉爛掉的梨子、切下瘀傷的蓮霧，卻沒辦法切除「壞掉的自己」。

每次看到街上散步的情侶那麼恩愛，電視廣告上的夫妻如此幸福，我就覺得憤怒又哀傷，我究竟做錯什麼了？被這樣傷害。幸福，為什麼這麼難？

有時候又會思考，現在可是二十一世紀，對許多人來說，性行為早就是情侶間的必備練習，在結婚年齡不斷往後延的台灣社會，婚前性行為越來越普遍。更何況，大家不都約砲？上網聊個幾句就跟陌生人做愛也沒什麼，甚至可以大剌剌地在西斯版發表心得文，還能獲得網友的讚賞……那我為什麼不能接受？

我不應該這麼保守嗎？

是我跟不上時代嗎？

（大家都如此，我就非得和別人一樣嗎？）

我是食古不化的原始人、沒見過世面的村姑嗎？我好討厭被別人瞧不起。

如果說出來的話，會不會被別人嘲笑？他們大概會說：「唉呦，妳不過是不小心跟不太熟的朋友上了床而已，有什麼好大驚小怪的！」，又或是會笑我「妳好蠢」，或是：「妳怎麼這麼不知廉恥，還沒交往就讓人家上了，還有沒有操守啊？」

不是我想變成這樣的……

我真不知道事情為什麼會演變至此……

我只不過很單純的想要談一場戀愛……

可是……該怎麼說……

我找不到精確的詞彙表達這一切。

那天之後，我的噩夢越來越鮮明，而且不斷重複。

有一個從未見過的陌生男子，笑吟吟地端了一盅魚湯給我喝，我說我厭惡極了，不想喝魚湯（實際上是對海鮮過敏），但他好像沒聽懂我的話，硬是掐著我的下顎，說「這很補，喝下去，才會長大」，將魚湯往我嘴巴裡灌。我的眼淚直流，為了動彈不得的身體而哭泣著，身體卻像被鬼壓床一般，怎麼也動不了。

喝下魚湯後不久，我就因為過敏而休克死亡。靈魂盤旋在僵硬的身體上空，看著發青的臉逐漸長出屍斑，竄出令人作嘔的惡臭，我嫌惡著，不得不捨棄我的肉身，到其他地方流浪。

「我愛妳。我是為妳好。」夢中，我只記得男人不斷說著這句話。

是不是，大家都喜歡用「為你好」當理由，這樣就能堵住對方的口，沒有機會抱怨。即便傷害了對方，也能用「初衷是良善的」為理由替自己開脫？

那個人，再也沒出現。也沒說過抱歉。

（他答應過我會向我賠罪的，但始終沒做到。可能是怕自己因此留下證據，毀掉大好前程吧！果然……要認錯，對人類來說太困難了。）

如果那天，那個人不是一邊告訴我他有多愛我，一邊在我還來不及反應的時候就熟練地把嘴唇貼上來，而是明確的說：「我就只是想幹妳，我不愛妳。」我是否就不會像隻傻兔子一樣呆愣在那裡，任憑他在我身上胡作非為？（渴望愛、寂寞，使我給別人有機會傷害我？）

是不是就能夠順利地從腦海裡提取出國中健康教育課本教的「天龍八不」拒絕方法？（當年課本教的那些東西，看起來都覺得好假，很不貼近現實。）

是不是就能堅守自己的原則——只能接受在穩定交往關係中才能發生性行為的人？（也就是不接受一夜情。）

當他親我、脫我的衣服時，應該向他確認「我們的關係」而不是單方面想著：「我們都做這些事了，應該是男女朋友了吧？畢竟，他剛剛說了愛我不是嗎？」

如果我有能力說不，如果我能將心中疑惑問出口，現在是否就不一樣了？

這些，到底是他的錯，還是我的問題？誰要爲這件事情負責呢？

為什麼只有我，要在每個深夜，總是回想起那一夜的事情，叩問自己到底做錯了什麼？

為什麼是我，要在之後的日日夜夜，擔心每個遇到的「真愛」會為了我這段不堪的過去，而捨棄我？

在一次又一次可能遇到他的場合，擔心自己落在他手上的把柄，之後會變成他威脅我的工具。

聲譽沒了，以後還有誰敢要我？

我不想當鄉土劇裡那種沒有自尊、糾纏不清、不識大體、一哭二鬧三上吊的幼稚女人，但他怎麼可以，前一秒還說愛我，下一秒卻把我當免洗筷，用完就丟？以忙碌當藉口，連個解釋都不願意給。要一個理由，很過分嗎？

如果一開始就沒有愛，為什麼不誠實點，別說那些騙人的話，也許這樣，就算發生一夜情，我也能給自己一個解釋——這是基於雙方都同意的契約，你情我願、交易完成（管它是寂寞難耐還是生理需求），也就兩不相欠，而不會一而再、再而三的逼問自己：

是不是我不夠漂亮、身材不夠好，所以那個人才決定要丟棄我？

（我對自己的外貌沒自信。）

是不是那天在我房裡，那個人發現了什麼東西，覺得我配不上他？

（我總是太自卑、容易自我懷疑。）

是不是，我個性不夠好，那個人不想跟我相處，卻又懶得告訴我？

（到底怎麼樣才叫夠好？）

是不是，我不夠優秀，那天遇到同學時，那個人才要躲開，覺得把我介紹給朋友有失顏面？

（爲什麼，我總是不夠好？）

我的自我認同被粉碎了。

我沒有用力推開他，我沒有尖叫狂吼地叫他別碰我，我沒有冷靜地把丟棄在垃圾桶中含有精液的衛生紙留下來，我沒有在第一時間到醫院驗傷……在法庭上，我根本沒有權利控訴他性侵我。

法律，真的是保護受害者的嗎？

還是譴責受害者：「是妳沒有盡到保護自己與收集證據的義務？」

我也不敢跟心理師說，怕將事情鬧大，搞得全校、甚至全國皆知。那時他正要參選學生會會長，我怕其他人會酸我，說我是政敵派來的幫手，為了不讓他上位的政治陰謀。所以，我什麼都不敢說。

為什麼，我總是孤立無援？

可是，他怎麼可以利用我的情感來傷害我？

就是因為，我對他有好感，所以才在事發當下拒絕不了他的行為？

可是，我喜歡你，不代表我就想發生性行爲啊！

這算性侵嗎？
或者只是欺騙感情的「騙砲」行為？
法律管不到的模糊地帶。
學校也沒有教的生活知識。
卻是社會角落中，真正存在的事件。

大人們對於和孩子討論性暴力一事仍有顧慮，因爲他們總會搬出孩子感到不安等理由……然而在現實生活中，我們的孩子早已直接或間接體驗到性暴力。

——《這樣教，性哪裡會尷尬》②

我想丟掉這個身體，讓靈魂逃逸到自由的地方。
我再也不要我自己了。

②《這樣教，性哪裡會尷尬》，韓國性暴力諮詢中心金藹螺、鄭貞熙著，太雅出版。

事後

「早安」
沒有已讀。
「午安」
沒有已讀。
「晚安」
沒有已讀。
一個禮拜過去了。

♡

感冒的緣故，母親帶我去看中醫。把脈時我既惶恐又心虛，他會不會從脈象中就發現我的「異常」呢？我不是原本的我了。希望月經趕緊來，希望千萬別懷孕，我在心裡暗自祈禱這醫生有醫德一些，倘若真有什麼「壞消息」，絕對不可在母親面前揭穿我。

最後一點顏面，我還是要的。

「對不起，我這周活動真的很多，一直開會，才沒有回妳。有什麼事嗎？」

你傳了訊息。

「我們能談談嗎？」

「下個月好嗎？最近真的太忙了。」

太忙？那天晚上，你檢閱了手機不下十次。一天之內都沒空回我一個貼圖、一則訊息嗎？難道之前都不忙嗎？為什麼得排到下個月？

在男生的認知裡，這是合理的交友模式嗎？

我做錯什麼了，讓你誤會我是隨便的女人，容許你這樣對我？

我被玩弄了嗎？

你只想要一夜情嗎？
但我不是這種玩咖、不是這種女人。
我只想跟男朋友做愛。在某種承諾的關係下才有性行為啊！
我討厭你讓我無法遵守跟自己的約定。

你是早有預謀設下陷阱要誘捕我的嗎？我好恨，恨你用那骯髒的動機便輕易兑換到我的眞心，使我也變得廉價。
啊——好想放聲尖叫！

「我們現在是什麼關係？」我問你。
「朋友。好朋友。」你回答。
你上了我，然後說我們是朋友？
你那天晚上說的愛我是怎麼回事？
為了騙我上床才說謊的嗎？
「你說了愛我，為什麼我們不是男女朋友？」

「妳臉書帳號名稱只有用 Michelle，那天我才知道妳的本名叫作李翊姍。我們同姓李，是沒有未來的。」

「什麼？」

「我們家很保守，同姓不能結婚。沒有結果的戀情不如不要開始，等到我們彼此感情都深厚了，再分開會更痛苦。不如就到此為止吧！」

從此之後，他沒有再回過我任何訊息。

聽起來很有道理……也許他真的有他的苦衷？

屁！

同姓不能結婚，不能交往，但可以上床？民國初年的藉口也敢拿出來用，說謊都不用打草稿嗎？根據統計資料，李姓是漢族人口數最多的姓氏，全球姓李的人口約有 95,300,000 人！

結婚那是多麼遙遠的事情，就算好好交往，也不見得能走到那時候。為何不珍惜現在，能交往多久是多久？

每當我想起那天晚上散步時，他遇見熟人突然閃邊站的那刻，就特別痛苦，畫面一浮上腦海，我就必須死命的尖叫、捶打自己，將它磨滅。為什麼在朋友面前假裝不認識我？認識我是件可恥的事情嗎？我們不是在約會嗎？被別人知道我們的關係，很尷尬嗎？

更久之後的現在，我發現自己難過的點，還包含受不了自己的愚笨，竟然做不了自己的主人，沒有記取教訓。

我應該要從你假裝不認識我的這個舉動，嗅出你其實不愛我的事實。

但我沒有。

愛情使人目盲。寂寞令人死絕。

你根本沒喜歡過我，是吧？

這就只是慣常「騙砲」的手段，是吧？

是我自己傻嗎？

我恨你，害我失去自己。

Date：2016年10月23日

Dear diary：

許多高中生和大學生都證實研究的結果
——她們並非自願傳送自己的裸照，
而是她們覺得自己必須這麼做。

—Leora Tanenbaum①

他向我要一顆糖，我給他了
他說要回贈我一顆糖，但我並不喜歡甜食
女人要順從，所以我接受了
我蛀牙了
蟲在牙齒鑿出一個洞，掏空了牙根，神經死了
他說我們交換糖果，這是投桃報李，這是公平交易
我恨透牙菌斑，恨透糖果

① 〈#MeToo 為何不說「不」？從她們青春期收到的色情簡訊說起〉，Leora Tanenbaum 著，Wendy Chang 譯。

自我保護

「想要專心準備日文檢定，長髮整理太花時間了。」

「讀書時期更需要運動維持正常作息，運動服會提醒我不能怠惰。」

☑寬鬆帽T

☑束胸

☑棉褲

☑運動鞋

那件事發生後的一周，我把鞋櫃的高跟鞋、涼鞋扔掉，衣櫃裡的洋裝、合身襯衫也都拿到路邊的舊衣回收箱丟棄，藉故跟母親索討了一筆錢，添購新衣物，並把頭髮削短至耳上①。

雖然我如此對外宣稱，實際上是，我已經再無心力打扮，恐懼任何一點落在我身上的目光——會不會，對我指指點點呢？

我不曉得怎麼面對自己的身體，女性的身體。如果，如果……打扮中性一點，是不是比較安全？

如果，不要讓別人注意到我，不要和別人有交集，是不是就不會受傷？好想從這個世界隱形。不想跟任何人說話。

在校園走動的每一刻，我只能壓低帽沿，緊握背包的背帶，快步前往教室，盡量避免在校園裡遇上那個人。若與他對上眼，我將不知道該如何是好，手腳都會失去功能。

---

①不少臨床研究發現，性侵害的受害者會刻意把外表打扮得邋遢，避免引起異性的注意。

1. Burgess, A. W., & Holmstrom, L. L. (1974). Rape trauma syndrome. *American Journal of Orthopsychiatry*, 49, 648-687
2. Quina, K., & N. Carlson. (1989). *Rape, Incest, and Sexual Harassment*. Connecticut : Praeger.
3. Peters, J. J., Meyer, L. C., & Carroll, N. E. (1976). *The Philadelphia assault victim study*. Final Report from the National Institute of Mental Health. ROIMH 21304.

我不說，他不說，就沒事了（但願如此，我也只能這般說服自己）。

日子照樣過去，課還是要上，考試還是要準備。

檢定考後的周末，我提起精神，與葉旻潔相約華山文創園區看電影。《裸睡美人》[2]女主角是一個抱持演員夢而離家出走的少女，後來被私人馬戲團俱樂部的老闆收留，成為魔術師助理——一個接近演員，卻仍不是演員的角色。如同寫字的人是寫手，終究不是作家。

女主角後來瘋了，現實與虛幻分不清楚，以為自己是知名電影女主角，畫面時而呈現她的想像世界，時而轉換至真實場景。說實話，我也分不清楚哪些真的哪些假的。電影中夜店的藍光不斷旋轉閃爍，持續激發我的嘔吐感，讓我不得不在中途就側身把頭依偎在隔壁的座椅上支撐自己。

我想到我的作家夢。第十三次落選的文學獎。

我想到我的病。五千四百九十七顆彩色藥丸。

我害怕自己最後會徹底瘋癲，失去自己。寫作，也永遠只是一場虛擲的夢。

像女主角一樣。

是否只差一點點，最後那一根理智的細繩就會斷裂，我將永遠成為瘋子，再也回不來了。

我好怕。

後來是葉旻潔扶我離開影廳，我呼吸不到空氣，雙腳癱軟，不斷心悸。

「我好討厭自己，為什麼不能好好活著，也死不了。」我說。

「嗯……雖然妳現在可能不這麼覺得，可是我覺得妳已經活得非常努力了。」葉旻潔回答。

她帶我去旁邊巷子裡吃米糕跟豬血湯，然後用她一貫理性的說話方式：「我教妳一個小技巧，當妳恐慌發作的時候可以使用，幫助自己『回到當下』，告訴自己『現在是安全的』，這是之前心理師教我的，我們現在可以試試看。」

②《裸睡美人》（*The Limit of Sleeping Beauty*），二宮健（Ken Ninomiya）導演。

★ Grounding 54321

．說5件你現在可以看（see）到的東西
．說4件你現在可以摸（feel）到的東西
．說3件你現在可以聽（listen）到的東西
．說2件你現在可以聞（smell）到的東西
．說1件你現在可以嘗（taste）到的東西

我淚流滿面地吞著豬血湯，一邊祈禱我趕快「好起來」。

後來，整整過了兩小時，那疑似恐慌的症狀才稍微減退。

遲早，我也會被社會驅逐。
我找不到容身之處。

醫生說，我出現創傷後壓力症候群的症狀。
我從來都不想報復對方，只想知道怎麼修復自己。
喔？眞的嗎？還是自欺欺人？我怎麼這麼懦弱，連在心裡恨他的勇氣都沒有。

「根據《性別平等教育法》，我必須向上級通報。我很心疼妳，但抱歉，這件事我無法替妳保密。可以麻煩妳下周來性平會一趟嗎？對方是校外人士，還是學校學生？」心理師不斷逼問。

我三緘其口。
為什麼每個人都要勉強我？
做錯事的又不是我。
誰真正在乎過我的感受？站在我的立場想過？

我是一個孱弱的灼傷病患，在驚懼及抗拒之中被護理人員以「我是為了妳好，要忍耐一下」之名，硬生生地扯下已與傷口沾黏的紗布。

---

① 《集體心碎日記》裡，作者柴寫了關於她戀人 Amber 的經歷。「我想對 Amber 而言，酗酒是一個相當嚴肅的問題，或是可以說是——致命的。憂鬱引起的酗酒讓她經歷過一些『類似強暴』的事件，她不願多說，只是這麼形容：『我放棄清醒地任由別人入侵。』而那些沒有意義的性，讓她幾乎厭惡自己的身體，她在完結每一個句子時鎖緊下顎的那個瞬間，我可以感受到在樂觀的外表下，她的表情所背負的重量。」

② 許多性侵害的受害者對自己的遭遇感到憤怒，甚至產生報復心態。有些倖存者會將這份怒氣轉嫁到其他男性身上，造成性濫交的現象。有些倖存者展現沉默、不慍怒的樣子，但事實上內心已如槁木死灰。

(1) 參考 Chapman, J. R., & Gates, M. J.（1978）. The Victimization of Women. Beverly Hills, Calif.: Sage Publications.

(2) 參考 Quina, K., & Carlson, N.（1989）. Rape, Incest, and Sexual Harassment. Connecticut: Praeger.

(3) 引用《台灣性侵害受害者之創傷：理論、內涵與服務》，王燦槐著，學富文化出版。

Date : ~~2016年2月27日~~

Dear diary:

不想記得日期，這是個應該被銷毀的日子。

今天，我又出不了門了。
我害怕陌生人。沒有力氣説話。陽光讓我痛。聲音讓我惶恐。
誰誰誰。都像是要準備害我。

昨天去參加了工作坊，小隊輔竟和那個人長得很像。類似的髮型，一樣的眼鏡。我控制不了自己的語氣、呼吸、心跳和毛孔，充滿了恐懼。我緊緊抱住自己，瑟縮在房間角落，試圖鎮住即將從身體逃逸出的魂魄。指甲掐入雙臂之中，留下血紅色半月痕跡。

我的心死了。
沒有任何感覺。
什麼都無所謂了。①

到底為什麼，我會開始做出我控制範圍之外的事情？②
我竟然開始和不認識的陌生男人上床？！
算了……反正我早就爛掉了，什麼都沒差了。

垃圾，終究要被丟到處理廠焚化的。

第四回／情感的界線／

你說，
蜜蜂撞到玻璃的時候，
會不會流血？
我會，
被拒絕的時候。

一個女人不是生為女人，
而是變成女人。
——西蒙．波娃（Simone de Beauvoir）

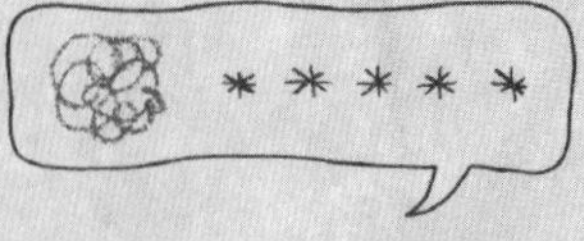

謝伯倫會不會也是這樣？表面上說包容我的過去、理解我的苦衷、同理我的痛苦，但心裡還是不能接受這個我？我多麼希望自己，是乾淨無瑕的來到你的面前，但時間無法倒轉，人生無法重來，與你相遇之時，我已經不是「應該有的樣子」了。

有過去的女人，就不是人，是垃圾，所以遇到一個願意包容自己的對象，就會被譏諷成「回收業者」，是嗎？一想到你跟別人公開我們交往的時候，會有人在心裡這麼嘲笑你，我就覺得好不捨。你不應該受到這樣的屈辱的，我是不應該有自知之明一點，主動離開你？

好想被真心對待。但我真的有資格擁有幸福嗎？

作者 QQplayboy（搗蛋工程師）

看板 Boy-Girl
標題 我的女友有過去
時間 Sun Mar 25 12:55:15 2014

安安大家好，PTT 首發，排版請大家見諒。
我在聯誼認識了一個年紀相仿的女生，大約三十歲左右。
雖然我自己也知道，都到了這個年紀，人也不年輕了，大家有些過去是難免的。但我自己心裡就是過不去，想說她有過好多性經驗，但自己還是處男，總覺得哪裡怪怪的……可能是怕自己在她心裡的那道排行榜中，自己不是最好的，說不定她會暗中笑自己床上功力不夠之類的，一想到她跟姊妹喝下午茶的時候，可能會數落我的性能力，就覺得悲從中來。
我還是很愛她，也知道她的那些過去並不是自願的，但我心裡就是過不去，該怎麼辦呢？

推 Cupid520520 回收業者（幫哭哭）
推 Romance1314 妖孽收好，不要放出來害人啊
噓 Humanrights945 不是自願的，是什麼意思？會不會是藉口呢？

祕密

我是什麼時候，也變成那樣的人了呢？

可能是因為去日本交流的某天晚上，毛子凌說的那些話吧！因為對她的某種崇拜與嫉妒心理，而引起我想要模仿的欲望。

那天晚上，我擋不住穿了一整天高跟鞋的疲倦感，一回到房間，便拉開在榻榻米上膨脹像炭燒麻糬的白色被褥，縮了進去。那天毛子凌和我被安排到同個房間，她忽然也躲進我的棉被裡，說她睡不著。「我們來聊天，交換祕密。」

我不是那麼能言善道的人，聊天總讓我焦慮不已，我猶豫了幾刻鐘，她還沒等我答覆，就逕自說起來了。

「我分手一年多了，是從高中就開始交往的男朋友，他脾氣一直很暴躁，不過也僅止於講話大聲粗魯，我從不覺得這樣有什麼不好，甚至……這是我當初喜歡他的原因，感覺他是個有力量、能保護我的人。直到有天，他的拳頭從對著牆壁、棉被，到我的身上。好痛。當時看到自己破皮、瘀青的時候，還真嚇了一大跳。但我還是愛得好執著，沒感覺到有什麼不對，反正，他本來就脾氣不好嘛。有一天上學，同學看到我的傷口，把我拖去醫院看診，老師竟然還把他叫來學校罵，說他不應該打我。我好生氣喔，老師怎麼可以罵我的男朋友呢？他只是在跟我打鬧的時候，太用力罷了……」

「欸，這是家暴了吧！妳幹嘛還袒護他？」我忍不住插嘴。

「妳在戀愛中的時候，才不會想那麼多。反正啊，朋友們就強制我們分手，隔離我們。一個人靜下來的時候才慢慢感覺到，當時還真可怕，自己一不小心就可能沒命耶！」

「那妳……這段時間，不會孤單嗎？畢竟交往了那麼多年，一下子變成單身，會不習慣吧？」

「不會啊，單身不代表沒人陪啊，怎麼會孤單？」

「我不太明白妳的意思……」

我自己也不知道該怎麼問下去，可能孤單是我這種朋友少的人才有的問題，像她這種校園美女，社交模式應該和我大不相同，是我難以想像的樣子。

「我有每個禮拜固定會見面、做愛的對象，但不是男朋友。」

「咦?!」

「啊，抱歉，是不是嚇到妳了？我知道有些人不太能接受這種關係……」

「是有點嚇到啦！不過滿好奇的，你們是怎麼開始的？他逼迫妳的嗎？」

「不是耶！是我主動問他的。他是聯誼活動認識的男生，覺得滿符合我喜歡的型，但我還沒準備好要再談感情，所以就問他要不要試試看做愛，沒想到這件事上面還滿合得來的，就維持一段時間這樣的關係。」

我的腦袋又開始嗡嗡作響，她能夠毫不羞愧地說出這些，是怎麼回事？和我過去受到的教育觀點南轅北轍，難以相信同大學的我們，竟然有這麼截然不同的價值觀。我不想批評她，也不覺得她有什麼錯，這畢竟是她的身體、她的人生，她有決定權，沒有人可以多加置喙。但我呢？為什麼我會感到不安與羞恥……

「明天還要早起呢！早餐據說有鮭魚飯，我想要早點去吃，下次再聊，謝謝分享喔！」我沒有繼續問她，也沒有合適的祕密可以回饋，轉了身便睡去。

我是不是……給自己太多道德束縛了呢？現代的年輕女性，她們的價值觀與性生活都這麼開放、活躍嗎？是我太落伍了，沒有跟上時代嗎？

「妳今天下午可以來我房間嗎？」手機振動了幾下，我看完訊息就收進背包裡，繼續扶著欄杆看海。

那幾天年假，我回花蓮外婆家，沒有留在學校附近的租屋處。

他是交友軟體認識的同校學長，我已經不記得他的長相，也不記得名字。不過，這都不重要（交友軟體真的可以遇到真心想談感情的人嗎？我不知道。也許世界上真的有奇蹟，只是從來不曾發生在我身上）。

正確來說，他並不想跟我談心，也不想交換任何個人資訊，只要離開房間之後，恢復到陌生人的狀態，最好。

對於我這種想要真實伴侶關係的人，卻陷入這種狀態，真是痛苦又諷刺。

他不願意花時間在前戲，只想用最快速度讓自己獲得快感，不顧我的疼痛與否。我十分好奇，在他眼中的我是什麼模樣？飢腸轆轆的人們眼中的雞腿跟豬肉，只是物品，而不是生命；還是像二戰時期，軍人把慰安婦去人性化，只當作是個屄。

次級品。拋棄式。亞種。

不是完整的生命，不需要放感情，不需要疼惜與憐憫。

傷害了對方，也不用感到絲毫的愧疚。

我就是這樣，螻蟻一般，沒人在意的存在。

山區被盜採的砂石，若無人重視而願意起身捍衛，它們有能力保護自己嗎？不被任何人愛的人，還是人嗎？（只會被世界遺忘。）

「親我，不然我不要繼續了。」

我想拿回些什麼，比如，說不的能力，比如，釐清一些界線跟原則。

他擺出要他吞馬尿的為難臉色，猶豫了很久，才嘟起嘴巴，親了我肩膀一下。

「嘴唇。」我說。

「不行，絕對不行。」

「為什麼？」

「嘴唇是女朋友專屬的。」他坐起身，也失去了性致。

「女朋友專屬的。」我輕聲地默念一次。這些字長出了刺，狠狠的扎進我的心、我的身體、我的自尊。女朋友是比較高貴的存在，而我，什麼也不是。我不懂，為什麼，我永遠是被拋棄、被當備胎、被當物品利用的那一個？

不是說人人生而平等，那為什麼在愛情裡，我始終是賤民？

他想要的時候，我只能配合，但我想要的時候，總毫不猶豫地說沒空。我為什麼要這樣被控制呢？

我不想再作踐自己。

沒有愛的關係裡，不被尊重。

永遠，不會是互惠、公平的。

我用盡力氣撇動這段不平等的關係，彷彿手腕抵抗著不斷迫近的巨大鐵條，但我始終找不到合適的支點，改變它。

我一定是……畫虎不成反類犬了。也許，我就不具備受男性愛戴的特質，這樣的嘗試，只是讓我更失去自己的原則罷了！當原本的框架被卸除之後，反倒跌入毫無保護的虛無之境，徒增惶恐之感。

我穿起衣服，準備走出門，已經是深夜兩點，路上寂靜到連公園的草木都熟睡了，臨走前他說：「出去的時候小心一點，我不想被其他人看見妳到過這裡。」

Dear diary:

Date：2018年11月19日

〈自欺欺人〉

明明知道
你不如戲劇般完美
卻還是刻意忽略你的不足
唯恐失去唯一景仰的對象
理想的世界又將失去一些色彩

於是
寧願相信歪斜的事實
保持表面的美好
讓崇拜繼續
生活維持

初戀

恐懼的薄膜包裹住我，緊貼肌膚，別人責難與嘲諷的眼光不斷沾黏在膜上向我收束，濕泥掩埋一般，難以呼吸。

被活埋的感覺。

學期間諮商療程持續進行著，讓我不得不回想，自己是怎麼走到這一步的？不得不憶起十三歲時，第一次喜歡上一個人的我……

那是我對愛情最初的想像。

國中剛入學時，我在走廊和一個男孩擦肩而過。當時的他不知道為什麼，急匆匆地奔跑著，脖子上的米色蘇格蘭風羊毛圍巾隨風飄盪。

他面容清秀、斯斯文文，卻比同齡的其他男孩多了份沉靜與穩重。第一次見到他時，有種似曾相識的錯覺，恍若已找尋他好幾輩子。

那是我第一次見到他，馬上被他攫去了目光。

那大概就是一見鍾情罷。

他是誰？

他是誰？

他是誰？

他是高一崧。

一直以為他是三年級的學長，向同學探詢後，才發現他其實和我同年級，只不過是外語資優班的學生，學校為了讓他們提早感受基測的升學壓力，才特別把教室安置在國三的區域。

他的文筆特別好，每次段考後，我們班導師總愛借他的作文來朗讀，要我們多加學習，內容不外乎是跟家人之間深摯的情感、到歐洲、美國旅遊的感想……這些，讓他更添一分神祕色彩與獨特性。

他的口才也是了得，不論國語文演講競賽，還是畢業典禮的在校生、畢業生致詞，三年來都是不二人選。

總之，就是學校的風雲人物。

「全校都是高一崧的情人。」

當年校園間流傳著這句話。他的個性隨和、為人仗義，全校師生對他就算不上愛，至少沒人會討厭他。

雖然當年沒說過幾句話，但對情竇初開的少女而言，戀愛不需正當理由，如窗台上的九重葛行光合作用，在無形之中默默運行，並持續向四周蔓生。

那是為了生存，天經地義。

初戀是純情的、是無私奉獻的、是默默守候的、是願意無限度改變自己的。

他很愛笑，對所有人笑。他的笑容像是為接受的人專門打造的——十分誠懇、親切，即便被他傷透了心，也無法生氣，因為他對妳笑。

文青的通病就是對於世俗紅塵總是感慨，卻沒人真的弄懂他心裡在想些什麼。他不讓人走進他真實的世界。

他就是這樣一個文采極佳的男同學。

「每個女孩都是一朵花，都美。」他曾說。

那，高一崧喜歡哪種花呢？我也可以是一朵花嗎？他喜歡的那種。

他的第一任女友像白牡丹，優雅大方；第二任像紅玫瑰，妖豔動人；前女友則是百合，親切善處。我不確定他喜歡哪種花，但經自我審視後，我猜自己大抵是在雜草叢中的大花咸豐草，不但沒人注意，還被路人避之唯恐不及，擔心自己的褲管會沾黏上帶刺的萼片。

國三畢業那年，高一崧和女友分手了，半夜傳訊息問我能不能打電話給他，說有話想跟我聊。他說了許多關於女友的事情，以及他有多愛她。我忘記他們確切分手的原因了，或許，他當時也沒有說得很明白，一逕地在電話另一頭哽咽不斷。我不捨得他難過，想盡辦法安慰他，全然忘了自己是那麼愛他，他卻不曾和我說過幾句話；倒是在他失戀的時候，才驀然尋我訴苦。他說著那女孩有多好，他又多不捨時，我不免心顫——難道我不及她千分之一嗎？為何總不能入他的眼？

我在乎他的悲傷，那誰在乎我的呢？

愛情也是一種食物鏈嗎？我是最底層的生物。

非常久以後，我才意識到，要聽自己喜歡的人訴說他有多愛另一個人，是多麼殘忍的事情。而當時的我，竟這樣傷害自己。畢竟，我不重要。高一崧過得好，就好。

後來，媽媽拿著電話費來質問我：「妳跟誰講電話，講到五千多？太誇張了吧？都不知道節制……」

我沒回嘴，俯著頭，眼睛低低地看著腳尖，讓媽媽責備。

為了高一崧，我自己被罵也無所謂。愛需要犧牲。

我一向不是認真讀書準備考試的那類學生，但為了認識他，國三才以急起直追的成績，申請「漏網之魚方案」轉入資優班，只為了有機會和他說上幾句話。

我們的第一次對話發生在國一的某次頒獎典禮。

「妳好，初次見面！」

各班受獎人依序排好，隔壁班的他突然向我伸出手。

經過了這麼多日夜，終於盼到能與他對上話的機會，我卻羞澀地回應不了什麼，僅是俯首微笑。

「如果能變成好朋友，就好了。」我心想。

他的成績總是全校數一數二，校方經常派他代表學校參加全市的演講比賽、擔任畢業典禮的致詞代表。除此之外，他是真的愛看書，和那些被父母用藤條逼著背公式的書呆子不同，他的抽屜裡總有一本課外讀物，下課也會和其他同學討論讀後心得。

他是老師眼裡的盼望，也是全校同學公認的幫派盟主。他就是那樣，具備天生的領袖魅力，讓所有人為之傾倒。

當然，包含我。

有一回，班上某同學不慎摔破了盆栽，班導師怒斥：「誰做的？出來。」米黃色竹棍喀喀喀地啃食講台。大家屏息以待，誰也不敢出聲，彷彿一呼吸就會被致命毒氣襲倒。

「是我。老師，對不起。我不是故意的，下次會改進。我願意接受處罰。」高一崧從容不迫地起了身，向老師鞠躬，腰椎曲折成數學課的三角板。

「怎麼是你?!知錯能改，善莫大焉。等等把陽台收拾乾淨就好了。坐下吧！同學們，我們開始上課。」

「為什麼要替別人頂罪？」我傳了紙條問他。

「能平息事端就好。我覺得沒差。」

他總是那樣，比同年齡的男孩多了份穩重，令我嚮往。穩重之中，包藏著許多我尚未理解的謎題，像山裡的晨霧，呼吸起來清爽，一眼望去全是迷茫。

我總是在他身旁，默默關注他。偶爾覓得良機，才拋出幾句話。我珍藏他說過的每句話，在日記裡仔細記下他每天的一舉一動，那是我美好的青春作業。

然而，他是大家的、他是偶像，就像故宮裡的《清明河上圖》，是不能獨占的；他是高高在上的王子，只能誠心仰望，像我這般平凡女子是不能奢望擁有的。

但，愛情使人目盲。

即使，我知道自己高攀不上他，但還是想盡己所能地接近他、融入他的世界。畢竟，女孩總會幻想自己是在高塔裡等待被救援的公主，而不是醜陋無比的癩蛤蟆。

我跟他不同，我討厭念書，裡頭的知識太過冷僻艱澀，不如手工藝的教學本有趣；考試讓我慌張，總在試題間標示出我的愚昧。於是我逃避，午休時間在家政老師的默許下，潛逃到答答答的縫紉機運轉聲之中，編織自己的未來。

我偷偷縫製了一只書衣，想送給他。但始終深藏在抽屜裡，沒有勇氣贈出。

「如果這些像毛毛蟲一樣扭來扭去的編織技法妳都讀得懂的話，英文、理化對妳來說也不成問題吧！」那天下課，他倏然走至我的座位邊，拿起我桌上的《拼布包設計》。我縮起身軀，揮揮手掌，羞紅了面頰，「沒有啦！這才不難。我不是讀書的料，不像你那麼聰明……」

他用手指敲了敲太陽穴，「腦神經是有可塑性的喔！學習越多，大腦突觸連結越緊密，也就會越聰明了。聰明不是天生的，是訓練出來的。」

「哦？誰說的？」

「這本書。」他拿起一本白底藍字的課外讀物，上頭寫著《心態致勝》。

「心理學教授 Carol S. Dweck 說人們普遍有兩種心態（mindset），分別是成長型思維（growth mindset）與固定型思維（fixed mindset）。如果妳相信自己的能力會因為學習與練習而不斷精進，那妳就會變得更厲害。但如果妳認定能力是天生注定，那麼妳真的會成為笨蛋。」

「什麼意思？我不懂……」

「其實我一直覺得妳很聰明，只是不太有自信。別畫地自限。」

「為什麼突然跟我說這些……？」

「沒什麼，就突然想到而已……妳有空可以翻翻看，滿有趣的！看完幫我還到學校圖書館就好了，還有十天才到期。」他把書交到我手上，便轉身走回自己的座位了。

那是我人生中的第一本課外書（不算那些手工藝教學手冊的話），我珍惜他將書交給我的畫面，放進記憶庫裡最安全的保險箱，不時反覆播送。我認真完成他交派的任務，在字句裡尋找他可能遺留給我的摩斯密碼，嘗試在書裡窺探他的思維與生活。

從此，我開始認真計較學校成績了。

我想進到他的生活圈，去了解成績好的學生平常在做什麼、想什麼？是不是，他會看見我默默為他付出的努力？是不是，就能跟他有多一點的共同話題？是不是，就能擁有喜歡他的資格？

國三那年，班導師開始施行男女交錯的梅花座政策之後，我終於有機會坐到他旁邊，便想辦法與他攀談（天真的導師覺得這樣可以杜絕大家上課聊天的陋習）。

「那個……不好意思，想請問你，軟體跟硬體差在哪裡？」

十五歲的我，對於詞彙的掌握度，還不是那麼足夠。

「打個比方好了，硬體就是電腦的殼、主機、鍵盤……那些，軟體就是像Word、Excel、小畫家，那些可以用但實際上摸不到的東西。」

我似懂非懂地點點頭，對於家裡還沒有添購電腦的我來說，這個比喻還是有點困難。在行動裝置、WiFi還不普及的年代，不能隨時上網查資料，有個博學多聞的同學就特別重要。

我可是向上天祈禱多時，才能抽到他旁邊的座位啊！當然要把握任何能和他說上話的機會……

「那個……你知道『花痴』是什麼意思嗎？最近在電視上很常看到這個詞，可能是流行用語之類的。」我試探性的問。

他若有所思：「應該是指一個條件很差的女生，瘋狂愛上條件很好的男生，有點貶意的詞。」

就像我嗎？一個如此一無是處的女生，如此痴迷地愛慕著完美的他？

我必須，更加努力，追上他。

他上課會傳紙條跟我聊天，這表示他喜歡我嗎？

（那張紙條還在日記本裡。）

上次他寫的那首新詩，來問了我意見，真希望他是寫給我的。

（那張寫有新詩的紙條，他收回去了。）

每次到學校，都好想跟他接續昨晚在即時通上聊天的事情。

（但他好像得了失憶症，每次都忘了。）

「女生的肌力比男生差喔……」

他有一次下課和其他同學聊天。

我氣呼呼的插嘴：「你怎麼這樣歧視女生！」

他一臉無辜，「我沒有歧視女性，男女的肌肉組成本來就不同。」隨即從抽屜拿出一本《肌力訓練指南》。

我羞紅了臉，草草回了一聲「喔」，立即把屁股塞回座位，假裝認真地背誦國文釋義。

覺得自己真是沒知識兼沒衛生。

總之，為了讓他注意到我、瞧得起我，我開始用功讀書了。學業表現也如發生神蹟一般，從那日起，逐漸有了起色，甚至連老師都訝異不已。

「李翊姍，既然妳成績變好了，別選高職了吧！去讀普通高中，縫紉什麼的，當興趣就好了！這個社會很勢利，很重視學歷的。」家政老師在國三的某天突然告知我，之後不能再用午休時間去做拼布包了。

也好，這樣我就能跟高一崧讀同一間高中、順利溜進他的世界了吧？

他成績那麼好，一定能考上明星高中，屆時我們便能再當同學，我就能再默默看著他三年。

但新生報到那天，高一崧沒有出現。

國中同學說，高一崧的母親改嫁，他跟著到南部去讀高中了。

這個傳聞其實流傳已久，只是我從未當真，畢竟，他沒有親口承認過。當然，也沒有否認過。但少女，尤其是戀愛中的少女，聽不見期待以外的聲音。就像問塔羅牌，總要得到滿意的答案才肯罷手。

「據說，失戀之後忘記一個人最好的辦法，就是和另一個人開始談戀愛。」這是國中的歷史老師說的，歷史老師不教歷史，他教體育還有健康教育，但他的名字叫作梁歷史。

「或者，抽菸。」

他是誠實的老師，不擺架子，不擺出一副道貌岸然姿態。他很年輕，剛結婚，據他親口陳述，是為了忘記前女友，才和如今的太座結婚，還有染上菸癮。師母知道這件事嗎？她會計較吃醋嗎？我一直想問老師這個問題，但總覺得太隱私而沒有說出口。也許，大人的世界以另一種法則運行，太過年輕的我尚未能體悟。

那時候，我死心塌地的戀著高一崧三年了。如果沒了高一崧，我該怎麼辦呢？必須把他忘掉，像埋藏時光膠囊，藏在榕樹根旁，直到夠老，直到不會再心痛為止。

畢竟，我才十六歲，還很年輕，未來有無限可能。

我需要體驗新的感情。

所以，我答應了捷運男孩的聖誕晚會邀約。

他和我就讀不同高中，但總會搭同一條路線上學，每個早晨都坐在固定位置，他在車廂上背英文單字，我複習國文註釋。就這樣，只曉得早晨六點三十五分他會從石牌站上車，到台北車站時下車，日復一日，周而復始。

到了聖誕節前一周，捷運男孩在下車前塞了張紙條給我，便匆匆離去，隱匿至人群之中。

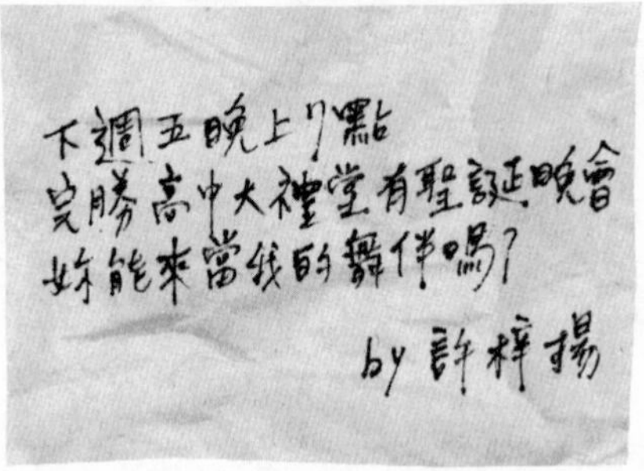

下週五晚上7點
完勝高中大禮堂有聖誕晚會
妳能來當我的舞伴嗎？
by 許梓揚

收到紙條的當下，其實錯愕比歡喜更甚。

這麼瞎的言情小說劇情，竟然在我身上發生？

不過，直覺上感覺他是不錯的人，於是我去赴約了。

梁歷史老師說的，用新的戀情來為舊的戀情止血，真的有效嗎？

什麼是愛？愛一個人會有什麼表現？常常想念他、想跟他一起出去玩、看到他會很開心，這些就是愛情了嗎？

和他交往之後，我對愛情更困惑了。

如果我想念他始終沒有高一崧多，那也算愛嗎？愛情……有舉世皆準的「共通評分標準」嗎？還是會因人而異？又或是，只要主觀認定是愛情就是了？還是，就是青春期對愛情萌生好奇而進行的試煉罷了？

我們都太年輕，甚至連自己要什麼、在做什麼都不曉得。

之前專題課曾提到，在心理學中有個著名的現象稱作「單純曝光效應」（mere exposure effect），當你看到一個人的次數越多，就會越喜歡他。但前提是，對方對你的初始印象必須是中性或是有好感的，否則，曝光率越高，只會增加更多嫌惡感。

幾年前在美妝雜誌上也讀過一個有趣的實驗，研究者將修課的大學生兩兩隨機配對成一組，同組者在該學期間必須假扮成情侶。不僅是對親友宣稱彼此是情侶而已，還要對彼此說情侶會說的話、做情侶會做的事情（聊天、看電影、一起吃飯那類）。等到一學期結束，受試者可以自行選擇是否要繼續交往。而實驗結果發現，這些原本不認識對方的假情侶，有半數在實驗結束後選擇繼續交往，進而推論出「愛情可能被人工製造出來」。

我憶起在中國古代和印度社會裡透過媒妁之言而結縭的夫婦，其中不乏如膠似漆者，會不會就是類似的道理。不斷地經歷「單純曝光效應」，並且「自我催眠」——我必須愛他／她、我很愛他／她，才終於弄假成真？

反正，最終是「真愛」了。也會好好尊重，珍惜彼此。一開始那刻是真是假，又有什麼差別呢？

但才十六歲的我，根本不能接受這種論點。愛情是浪漫的、是直覺的、是要刻骨銘心的，像楊過跟小龍女，非得愛得死去活來。總之，不論愛誰，都要像愛高一崧那樣，在熟睡時流星閃過，情愫就產生了。

剎那，即是永恆。

我愛許梓揚嗎？

也許，愛吧！

曾經，被製造出來過、轉瞬即逝的愛。

那許梓揚真的愛過我嗎？

說不準，我對他而言也是如此。

我們都讀升學壓力極大的高中，青春的歲月沒有太多舞會與歡唱，只有永不止息的考試與補習。

即便交往之後，我們並沒有太多時間可以聊天見面。更何況，父母並不同意我在這個年紀談戀愛。一切都必須偷偷進行。

每周五的晚上，我會去北車補習，下課後我們能一起吃頓消夜，然後牽著手搭捷運回家，他會送我到淡水站，在自己搭反向車回石牌站。那就是我們僅有的相處時光。

有一回，段考前一周，他約我去花博公園附近的圖書館自修。我思忖良久，爬梳記憶裡的所有線索，還是想不起來，花博公園裡有圖書館嗎？但不久我便放棄繼續質疑這件事。也許，是新開幕的，是我沒發現吧？我把數學、化學、物理講義跟計算紙統統塞進書包裡，沉甸甸地讓我走起路來東倒西歪。我沒有心力去盤算一個晚上能讀完多少頁內容，但至少帶著課本，就能說服自己有心準備考試、也盡力了。

一出捷運站，便見他提著小袋子站在草皮上，漆黑的月色遮去他半邊臉面，使我看不清楚。

我向他揮揮手，歪著頸項問他：「圖書館在哪呢？我們走吧！」他瞅了我的背包一眼，眉心一皺，沒說什麼，便牽起我的手往前走。雖然他的表情只出現幾秒，但我注意到了，只是當下並沒有解碼出究竟代表什麼意思。

我拉著他的大手甩啊甩，想著這時候圖書館還有好位子嗎？這是我們第一次一起自修，會不會分心呢？如果遇到認識的人，我會不會害羞呢？

然後，他帶我走進一片草皮，人跡罕至，附近只有幾盞昏黃的路燈，和零星幾隻晚飯後出來散步的野狗。

為什麼帶我來這裡呢？

圖書館在這附近嗎？

還是他有什麼話要跟我說？

「把包包放下吧！」他說。

為什麼呢？我想問。而且草地泥濘，我遲疑了一會。但書包實在太重，我只好先卸下了。

我雙眼睜得老大，盯著他的眼珠，想看他究竟要說些什麼。

他沒有說話。

只見他往前跨了一步，邁向我，把我摟進懷裡，然後開始吻我。他的唇貼上我的，像兩片剛煮熟的蒟蒻片，滑溜滑溜的在我的唇上磨蹭。他又含又咬地，搞得我滿嘴都是唾沫，濕濕黏黏，像猛灌了杯發酵過度的優酪乳。

我的腦袋有些昏傻，其實不太明白當下是什麼情況，雙腿發軟地朝他身上癱去。他一手撐住我的腰，另一手開始伸進我的上衣裡，揉捏我的乳房，舌頭也闖入我的口腔，胡亂地四處亂攪。

這就是電影上，那些男女主角在親吻、在愛撫的真實版本嗎？但為什麼，我卻感受不到影片裡那種浪漫和快樂呢？

雖然，在家裡，我確實也抱著枕頭猛親，幻想他親吻我的畫面，是何其的溫柔與幸福。但絕不是現在這樣。但差別在哪裡呢？如果我喜歡他，我又是他的女友，現在發生的這些事，是不是理所當然呢？

後來，我們沒去圖書館。事實上，也沒有圖書館。

那天，他如同以往，送我搭捷運到淡水站，再自行回家。

我只是覺得，如果，他要親我之前能先問我，等我做足準備，就好了。

有時候，我會想起那天，出捷運站時，看他手上的小提袋，輕盈地連瓶水壺都放不下，自己卻認真背了十公斤的書包出門，多麼蠢。

我恨自己，如此愚昧。

我用力晃了晃腦袋，想把回憶甩到九霄雲外。

那天之後，我依舊搭同一班捷運去上學，只是把過胸的長髮削至耳上，試圖用一種最快速的方式，把過去的自己丟掉，使之「煥然一新」。

他在車廂上瞥見我，愣了半晌，但沒有打招呼，逕自往另一個車廂走去。

如果是高一崧，他就不會這樣對我吧？

高一崧是紳士，會尊重我吧？

我好想念他。

高三學測完之後，我突然想到，或許，我可以和高一崧考同一間大學，這樣又能重逢了。

我們考上同一間大學。

我猜，這會不會是命運的安排，上蒼叫我不要放棄的暗示？

偶像劇不常有那種追求者鍥而不捨，後來終成佳偶的故事嗎？

高一崧國三時告訴我，他長大要當心理學家。那是一門研究人類心智、行為與大腦的科學，在這世上，無論什麼領域，總脫離不了與人相處。心理學，是世界上最美好的學問。因為他。

後來，高一崧不讀心理系了，去了社工系。

他沒告訴我詳情，只說了：「人生中總會發生很多事，這些年，有些事情改變了。所以我換了目標。」

他總是那樣，雲淡風輕地交代每件事。

其實我更想問他，究竟發生了哪些事，我好想知道失聯的這幾年，他經歷了些什麼。但我才剛把問題打到通訊軟體上，還沒傳出就刪除了。或許，他覺得我們沒有這麼親密，我沒有資格過問這些也說不定。

如果我都不表示，他會知道我一直喜歡他嗎？

（網路上有種說法是，男生也很怕被拒絕，所以他們只會追求「給他們機會」的女生，所以女生必須先向有好感的男生釋出善意。）

但是，會不會只是我自作多情呢？其實我只是過度解讀他友好的表示，他畢竟是個如中央空調般的大暖男，我是無故受惠的其中一人。

（網路上有種說法是，如果真的對妳有意思的男生，再木訥都會有所表示。如果他對妳毫無行動，那就是沒指望了。）

愛情是可以努力的嗎？

（老師說可以。那我應該嘗試嗎？我想起薛丁格的貓，打開盒子之前，不會知道貓是死是活。在採取行動之前，我也不知道他有沒有機會愛我。）

於是，選在大學面試那天，我向他告白：「我喜歡你，從國一到現在。」我站在飄著毛毛細雨的火車站路邊，穿著不合身的洋裝，手指不安地緊捏裙襬。

駝著背的路燈，燈光熠熠閃動，孤寂地守著人聲雜沓的站前廣場。

「啊！」他愣了一會，「不太意外，但又有點驚訝。」他停頓了幾秒，像是在搜尋適當的詞彙，「不過……我沒想過妳會喜歡我，老實說……我一直以為妳是同性戀。」

啪嚓！背後車陣駛過積水，水花潑濺出來的情景，彷彿像電影院大銀幕放大輸出。我被籠罩在巨大噪音之中，聽不清自己紊亂的心音。

他瞄了一眼手上的潛水錶並說，「時候不早了，我明天要面試，先回去準備了。」

他還是那麼有禮貌。

我望著他的背影，逐漸消失在人群裡，沒有揮手說再見。

五月的台北，依舊霪雨霏霏，依舊寒冷。

「我一直以為你喜歡女生。妳像同性戀。」

這拒絕理由，完全出乎我的意料之外。

他的意思是……我不像女人？

難道，這一切……都是我的一廂情願？

他對我，一丁點情感都沒有？

原來，我從不在他的候選名單裡，即便等到天荒地老，他也不會考慮我。

國中的時候，我是打扮得很中性，中性的打扮讓我感覺自己安全、有力量，我喜歡這樣的自己。

可是……高一崧不喜歡這樣的我。

我也不是女同志。

我對同性戀沒有偏見。但如果我的打扮讓男性誤會，以為我是女同志，那是否就不可能會有男人愛我了？我是不是得改變自己，變成女人應該有的樣子？

對，對，對。

高一崧只是誤會我的性向。

如果我讓自己有女人味一點，像他歷任前女友那樣，穿洋裝、踩高跟鞋，留長髮髮，說話嗲聲嗲氣，行為舉止溫柔雅淑一點，也許他就會對我改觀。

我突然憶起高中的社團老師曾說，他自己長得很醜又過胖，大學的時候卻愛上另一個社團的校花社長，雖然被拒絕無數次，但他始終和那女生保持友好的聯繫，即便女生出國留學三年，也不曾間斷。

「我覺得我們當朋友比較適合。」大學畢業時，他第一次告白，女方拒絕時這麼說。

三年後，女生準備從美國回台灣了，他又告白了一次。

「哈哈，如果你能減重到一百公斤以下，我就跟你交往。」

於是他開始了為期一個月的密集節食以及瘋狂運動計畫，在女生回國那天，左手捧玫瑰花，右手拿體重計，衝到機場接機，屏氣凝神地雙手奉上花束，赤腳踩到體重計上：

99.8KG

女生雙手一擺，把行李扔到地上，抱住了他：「謝謝你，等我這麼久。」

其實，我也不知道老師當年為什麼要在社團幹部訓練的時候講這個故事。大概只是要炫耀自己有個漂亮老婆吧！師母總是在會場旁邊，笑咪咪地看著我們進行各種團康活動，下課後手挽著社團老師離開會場。

每當回憶起這個故事，我會產生三個疑問：

1.只要堅持到底，有情人也能終成眷屬嗎？即便只是單戀。

2.《牧羊少年奇幻之旅》裡說：「當你真心渴望某件事時，全宇宙都會聯合起來幫助你。」那也包含愛情、包含高一崧嗎？

3.是不是只有美若天仙的女生，才有男生願意這樣死心塌地地呵護她？

那我呢？只要堅持到底，高一崧也會愛我嗎？

還是……我不是這種漂亮的女生，其實沒有資格被男生疼愛？

沒有玻璃鞋不能去王子的舞會。

沒有好成績不能讀台灣大學。

沒有機票錢不能去巴黎看艾菲爾鐵塔。

資格究竟是什麼呢？

「謝謝你聽我說完，祝你明天考試順利，早點休息。」我說。

「妳也是。」高一崧說。

我轉身開始跑，越過川流不息的十字路口，路燈矮著頭把黃光吐到雨滴上，金黃色的針尖，扎扎實實地戳刺在背膀上。

沒空想疼或不疼，狼狽不狼狽。

陪襯的滿天星，就該陪襯。守護者，就該做好守護者的工作。

我一直是這麼安份守己的，直到那天文學創作課的老師突然跟我們閒聊：

「今天來上課的同學比較少，可能是下雨的緣故，我就跟你們聊一些人生的東西好了。你們可以趁現在打電話給蹺課的同學，我二十分鐘後再點名，他們現在趕緊從宿舍出門還來得及。

「這個時代已經和以前不同了。女生要主動去安排自己的人生，愛情也是。

「好的緣分不會從天上掉下來，守株待兔是沒有用的。你們想要什麼樣的對象，自己要去追。

「我講講我以前學生的故事好了。中文系嘛，女多男少，有一屆來了一個特別帥的系草，大一到大四的女生都為之瘋狂，但沒有人敢真的出手。這個男同學又特別害羞、安靜，也不太會主動搭理別人。但他們同屆的一個女生，就很勇敢，迎新宿營的時候就黏上去，窮追猛打，後來也交往、結婚，現在小孩三個了，很幸福呢！

「每次我講這個故事的時候，很多人都會說，這女同學一定特別漂亮、身材特別好，否則系草才不會接受她呢！其實沒有，這女同學外貌就很一般，但她個性很好，也勇敢追愛，才能有這種成果。

「我講這個故事是想告訴你們，別妄自菲薄，想要的東西要勇敢追求，不要故步自封，讓自己斷了機會又懊悔不已。人生，求個無怨無悔罷了。」

我至今仍不明白，老師當時為什麼要突然岔題講了這個故事（老師們似乎都喜歡神來之筆講講跟愛情有關的事情，但我們真的能從中獲取多少養分，又是無法考證的事情了）。

現在想想，會覺得有些可笑，愛情並不是「東西」，無法努力就能得到（當然，人生中其他的事情也是，努力能有回報，是一種幸運。多數的時候，只是徒勞無功罷了）。

除了努力之外，還關乎另一個人的喜好與意願。能不能拿到交往的門票、順利相處下去，其中包藏了太多無法掌控的變因。甚至，多數時候，我們連那些變因是什麼，都無法參透。

一個成功的例子，不代表其他人也能依循同樣的模式獲得相同的結果。否則就落入「倖存者偏誤」的思考謬誤了，畢竟死人是無法說話的，統計結果沒顯著的實驗不能發表於期刊。勝者為王，敗者為寇。在愛情的沙場上，也是如此。

不過那時候的我，沒有能力想這麼多。

我只想到老師說的那句「別故步自封」，和高一崧當年說的「別畫地自限」疊合在一塊了。

不過被拒絕一次而已，不能這麼快就放棄。

不是有很多那種……鍥而不捨，終能抱得美人歸的勵志愛情故事嗎？必須再想想其他方法。

我翻開社會心理學課本，記得裡頭有幾個章節在講人際關係和愛情：有個經典實驗是一九五〇年時由心理學家 Leon Festinger、Stanley Schachter 與 Kurt Back 在麻省理工學院的宿舍進行的研究，發現住得越近，互動的機會越多，對彼此的好感度越高，稱爲「時空的接近性（proximity 或 propinquity effect）」。換言之，近水樓台先得月。

所以，我去參加了北友會——大台北地區學生校友聯誼會。因為，高一崧是會長。參加他辦的活動，當他的幹部。

在另一項實驗中發現，一個女性受試者向另一個男性受試者頻頻示好，做出眼神接觸、將身體往他的方向靠近、專注地聽他說話等舉動後，即便她在重要議題上和他持有非常不同的觀點，男性受試者仍表示對該名女性受試者很有好感。一連串的相關實驗得出「相互喜歡（Reciprocal Liking）」這個效應——我們對喜歡我們自己的人有好感。①

我必須要對他好，讓他知道我喜歡他，他就有可能喜歡我，是嗎？

我闔上講義，逐一評估我跟高一崧之間還缺乏什麼：

☑系所不相同：要想辦法製造時空接近性（proximity 或稱 propinquity effect）。

☑外表吸引力（physical attraction）：雖然我天生不漂亮，但也沒醜到會嚇到人，至少可以用化妝來改善吧？那等等去訂閱幾個美妝部落格好了。

☑個性（personality）：這個我真的要自我檢討，要有意識的提醒自己，修身養性，變成一個正能量的人！把課本上的十項受歡迎個性抄起來，貼在書桌前

① Gold, J. A., Ryckman, R. M., & Mosley, N. R. (1984). Romantic mood induction and attraction to a dissimilar other: Is love blind?. *Personality and Social Psychology Bulletin*, 10, 358-368.

提醒自己好了。

☑相互喜歡（reciprocal liking）：我應該更明確、更直接的向他表達我對他的愛意，光說不練是不行的。不如之後，每周去菜市場買水果送他吧？哈哈，聽起來好甜蜜喔，想得我都害羞起來了！這樣也能照顧到在外地讀書的他……

對了，還有一項最重要的啊！單純曝光效應（mere exposure effect）——當你看到一個人的次數越多，就會越喜歡他。

後來，每個禮拜社團活動練習結束，我幫他買消夜；每個月星巴克咖啡買一送一，我都去排隊送他一杯。我在我有限的能力裡，盡可能的對他好。用我最大的勇氣，去追求我的愛情。

然而，一學期過去了，高一崧依舊沒有接受我的感情，反而告訴我：「拜託妳，別再送我東西了，這樣我很困擾。」

「我只是想對你好。即便你不喜歡我也沒關係，只要你開心就行，我願意無怨無悔的付出。」

說不求回報的付出，是真的。我真心期望高一崧能幸福，就算他不愛我，我也要照顧他。

但是，萬一有奇蹟出現，他願意給我機會的話，那也挺好。我知道是奢望，但仍私心想保留這個可能性。

但那天，看著高一崧懊惱的表情，我突然困惑了，懷疑起文學創作課老師講的話。老師要我們不要輕易放棄。一次的拒絕不是拒絕，堅持下去就有希望。

但堅持下去，要到什麼時候才能終止呢？停損點在哪裡呢？我突然意識到，愛情的追逐賽裡，不像學期有明確的開始與結束。我望不見盡頭，像身陷沙塵暴中，快被吞噬，卻走不出去。

「會不會，回應不了的愛，即使對方不求回報，也是一種愧疚、一種難以紓解的壓力？」我突然出現這個想法。

過了一段時間，除了失戀的情緒難以平復之外，更多的是罪惡感，無法面對過去那個幼稚的自己，自以爲是的付出，卻造成對方如此困擾。

可是……

「現在都什麼時代了，女生的幸福要自己追求！像我那個學生一樣，勇敢、堅持。妳們要有豐沛的人生經歷，才能寫出好的文章——情感的層次……」

文學創作老師的聲音在耳畔迴盪。

我這樣做，真的對嗎？

雖然三不五時小惡魔跟天使會在內心爭執，但我也說不清誰贏誰輸，我就只是在蒙昧不清的狀態下，如煞車失靈的列車，奮力衝出既定的軌道。

我持續自我折磨了好一陣子，直到……看見高一崧和系上學姊十指緊扣的逛公館夜市，我突然紅了臉頰，像是被旁邊燒烤攤炙熱的鐵架給燙傷一般，既難過又羞愧。

原來，社團的朋友們都擔心我受不了打擊，不敢告訴我真相，讓我一直沉浸在想像的世界。

好羞愧啊！

看來，單純曝光效應跟課本上那些人際相處的心理學研究真的有效！學姊確實是個能力好、個性佳、外貌也在平均值以上，還跟他朝夕相處的人呢！而且我忘了單純曝光效應有一條但書：**若對方對你最初的印象是負面的，曝光率越高，只會增加更多嫌惡感。**

我倏然憶起這學期中，久違的國小同學在失聯六年後突然用臉書聯繫我，要我當他的女朋友。一開始我覺得這個舉動十分莫名，並沒有多加理會，但他竟然開始認真規畫起寒假的行程，邀我出遊。

「我變很多了，不是以前的我了。」我婉拒他的邀約。

「妳還是以前漂亮、善良的妳。我跟小六的時候一樣喜歡妳。」他說。

接著，他又描繪起當年在學校，我常在上課時偷偷在抽屜看《航海王》還有和小君寫交換日記。

我瞪眼咋舌：「你怎麼知道?!」這些事情，我都忘得差不多了。

「妳忘了嗎？我當時坐妳旁邊啊。」對，好像有這麼一回事……那種深褐色兩人座，中間會用立可白畫出一條楚河漢界的木桌椅。思忖了半晌，我便回覆他：「你只是迷戀你想像中的我，不是眞的我。」

話一脫口，我幡然醒悟，他對我做的事情，不是正如我對高一崧所為嗎？

我十分訝然自己的幼稚行徑，竟以自以為的方式對高一崧好，卻不去顧及他是否願意接納這些禮物。如果對方無能回饋我的好意，反而是種騷擾的行為。

眞正的愛，應該是希望對方幸福，而不是去追求他、造成他的困擾。

我突然覺得好憤怒。

幹你老師、他媽的心理學，還有滿嘴胡謅的兩性專家。

為什麼要騙我？

愛情到底是什麼鬼？

為什麼身邊的人一個個都去談戀愛了，卻始終沒人願意愛我？

我真的這麼差嗎？

幸福，為什麼這麼難？

YouTube影片（某網紅）

“所謂戀愛，不過就是標準跟機率。妳的標準越低，符合妳條件的人就越多；或是妳的素質越高，想要追求妳的人就越多。總之，妳的素質高，標準低，順利交到男友的機率就越高嘍！為了順利交到男朋友，就必須付出努力，讓自己有女人味。”

有些人交往只是爲了有人陪，有些人是爲了找到眞愛。但自己要的是……？爲什麼一定要改變自己？也許順應社會的主流價値，確實比較容易找到交往對象，但如果因此而失去自我，在親密關係當中得遮遮掩掩，也不會快樂、長久吧？

交友軟體（匿名男網友）

“妳傳一張露乳照給我嘛！不要露臉就好了，又不會怎麼樣。公平起見，我也會傳我的屌照給妳。拜託嘛～～～”

好噁心。可是……爲什麼拒絕這麼困難？眞是夠了……不要利用我的寂寞跟脆弱，就想誘拐我、榨取我身上的性資源。

早餐店隔壁桌（同學會）

“我們班有個女生都會假借問課業的名義找我聊天，我看她可憐，不好意思拒絕，才稍微陪她。但她似乎都沒有自覺，做球這麼明顯，有誰看不出來啊？也不懂得適可而止……到底是有多寂寞，這麼想交男朋友……”

寂寞錯了嗎？你不喜歡她，爲什麼不直接告訴她，還在背後嘲笑？每個人，都有追求愛的權利吧？當然，另一方也有拒絕的權利。但不是應該都建立在彼此尊重、坦誠溝通的基礎上嗎？

提起勇氣去愛

大學期間，在和謝伯倫交往之前，我曾經暗戀過另一個男生。我們自始至終都沒有在一起。但他是第一個教會我愛的人。

關於愛情、界限、尊重與勇氣。

「唉，去年有個女生匿名在正義大學的網路告白板上留言：『我喜歡那個設計系穿藍色7號球衣的男生，他好帥！』之後我就一直被所上同學嘲諷：『藍色7號～～～』，真是有夠煩！」佘翔廷一臉無奈。

那是我們成為朋友一個月之後，他才告訴我的事情。

他一直是個充滿神祕感的人，永遠猜不透他思考的邏輯，對我而言，有著魔般的吸引力。

我不清楚在他那張能迷倒數以萬千的女人外貌之下，為何會因為一個愛慕訊息而困擾不已，甚至憎恨這種追求的行為，而不是享受被眾人追捧的生活呢？

我以為像他這樣的人，會覺得追求者越多越好呢！

我的胃焦躁地痙攣起來，既然他如此厭惡仰慕他的女孩，我也是如此熱烈地愛慕著他啊，又為何會大方地接納我作為他的朋友呢？我和那個隱匿在網路後頭的無臉女孩，又有什麼不同呢？我不也是用這麼唐突的方式，硬生生地闖入他的生活嗎？我是多麼慶幸自己當初沒有下錯任何一步至今我仍不明瞭的棋，而被貶到交友界線的另一側。沒有被討厭，而是坐在咖啡廳裡，和他聊著學習規畫。

我沒有問過他這個問題。我孬。我沒膽。

會認識他是因為一個貪小便宜的決定。那時候，我因為對未來的工作感到迷惘，而四處參加有的沒的講座，讓自己探索興趣。而其中一場，便是他舉辦的工作坊，會去參加的原因只是一、免費，二、剛好有空。

而他就那樣，宛如站在一盞聚光燈下出現。白淨慧黠的臉龐，套著黑色素T，櫥窗模特兒般挺拔的身材，從容不迫地拿起麥克風：「歡迎大家今天來參加字型設計工作坊，我是今天的主持人設計所碩一的佘翔廷，等一下有任何問題，都可以舉手問我，不用客氣……」

「多麼彬彬有禮，卻又不矯揉造作……」我暗自在心裡感嘆。

就像，另一個高一崧。

如果說，在結束那段漫長而荒誕的暗戀與歷經無數傷痕的感情之後，有誰能讓我重燃情竇初開時那份純粹、不求回報的愛的話，那一定是他了。

就像一個大腳女孩，尋尋覓覓，終於巧遇一雙方方面面都適合自己的高跟鞋，不只外觀、舒適度，甚至是難得的大尺碼鞋號。多麼令人感動涕零啊！

我悄悄地在筆記本上寫下他名字的拼音。在他逐一發回饋單給每個學員的時候，接過他手上那張紙，再次感受到他那超齡的穩重。

多麼有禮貌啊！

我不知道該怎麼聯繫他、以什麼樣的理由認識他。

除了缺乏證據的直覺外，我對他一無所知。

女人就該矜持、被動、等著被追求？甚至……做好一個合適的「獵物」？抑或是，女人有權利追求自己的幸福、當作愛情的主導者？

可是……我好害怕，這次會不會又被嫌棄？我好害怕，這次又會迷失自我。

我不想重蹈覆轍。

孔子教誨我們，要像顏回「不貳過」。

我恨自己，狗改不了吃屎。

我靈機一動，試著翻找兩年前的新生入學名單，嘗試各種排列組合，終於找到他的臉書帳號。受到內心強烈欲望的驅使，抱著「就算當個粉絲也好」的心態，默默按下好友邀請，同時自卑地隱藏著自己想認識他是因為「私情」，如此政治不正確的理由。

「你與佘翔廷已成為好友。」

螢幕那頭，爽快地答應。

他沒有問我是誰，我也沒膽做任何後續的行動。

我害怕，自己根本沒有被愛的權利。

我不想，又犯一樣的錯誤：善意的愛，卻造成別人的困擾。

就像觀看博物館的藝術品，卻奢望擁有它那樣。

默默地欣賞著就好。

他的臉書頁面像從上個世紀末就無人照管的廢棄墳場，動態除了朋友三不五時騷擾似的戲謔貼文，什麼也沒更新。

毫無音訊地，讓我差點忘了他。

直到有次和小逸學姊聊天，酒酣耳熱之際，才再次喚起對他的記憶與好奇。

小逸學姊眉飛色舞地講述她在破百人的TED講座觀眾席中，如何不經意地搭訕旁邊的聽眾，從卡繆虛無主義，講到神經細胞電子傳送，台東在地文化，甚至是歐洲音樂史。無話不談。而且，日後她們還成為能持續聯繫的朋友。

我相當震驚，她怎麼可以把「搭訕」這個詞實踐得如此……自然。

不帶任何性暗示。

不會被別人誤會自己另有所圖嗎？

常看到有人在網路上抱怨自己被陌生人搭訕的經驗，把對方數落得一文不值，還強調說這是嚴重的騷擾行為。

我不明白，如果沒有搭訕，沒有邀約，怎麼從不認識的人開始有交集？但又該怎麼做，才不會被對方討厭，或是誤會企圖？那條界線是什麼？

「和陌生人變成朋友的方法之一，有緣分的話就會繼續當朋友，聊不來也就散了，不強求。」這是小逸學姊的解釋。

是我自己擔心太多了嗎？

因為欣賞、有好感，甚至是毫無理由的，去認識一個陌生人，真的具備合法性嗎？不會被認為我很奇怪嗎？我好怕被嫌棄成「可怕、噁心的女人」。

她的經驗分享，對於我這種對交友感到畏縮、缺乏經驗的人而言，無疑是場精采絕倫的太陽馬戲團秀，令人心生嚮往又讚嘆不已，我不禁好奇，要對自己具備多少自信、多少安全感，才能像她一樣，健康的看待交友關係？才能如此不卑不亢地劃破別人為保護自己而築起的那道無形心牆，並在他們心中留下自己的一抹清香？

我感到驚愕萬分，又十分著迷。

我太習慣自我矮化了嗎？

要怎麼做才能達到進退有度呢？

也許，我沒有自己以為的那麼不堪？

或者，應該再給自己一次機會，去主動接觸想認識的人？

但，那些被同儕拒絕的回憶又再次像大浪一般湧上意識，「妳不行的啦，妳這麼糟，沒人會想當妳的朋友……」我聽見自己說。

♡

「叩叩叩，惡魔退散！」葉旻潔用手指敲了敲我的腦袋瓜。

「別又再想一些自我貶損的東西了。不試就不知道答案。」

想了幾天，我仍焦躁地在她的實驗室裡來回踱步，「但……如果他覺得我很莫名其妙，討厭我了，怎麼辦？」

「反正你們現在也是陌生人，沒差吧？」

「也是啦……可是，被討厭還是會難過啊。」我不安地捏破桌上的泡泡紙。

「如果說，他這麼輕易對別人產生偏見，而討厭人家，那就不符合妳當初喜歡他，那些很有禮貌、很紳士的理由，不是嗎？更早認清事實，少浪費青春，不是更好？」

她一語道破，我頓時啞口無言。

有時候還真討厭她的理智。

「好啦，時候也不早了，謝謝妳陪我聊天，我先回去想想怎麼跟他說話好了。」

「反正，最差的結果就是來我的實驗室哭一哭罷了。」

離開之前，葉旻潔環抱了我一下，「下次去 Dead Robot 喝，心情不好還可以射飛鏢。」

「那個……請問水精靈工作室是什麼呢？是正義大學的學生組織嗎？還是，進駐學校育成中心的新創公司？抱歉，問得有點唐突。我是之前有參加過你們活動的李翊姍，一直很在意這件事，實在太好奇，最近又跟朋友聊到這件事，才想來問你看看。但，你先忙吧！方便的話，有空再回就好，謝謝你。」

我刪刪改改了十幾次，才把留言傳出去。竭盡所能地，找一個合理、中性的理由，讓別人不要看出我真正的意圖。而且，半夜四點傳訊息，不會馬上回覆，這樣我也可以忘記自己的羞赧，假裝一切都沒發生過，安心的去睡覺。

但，總是事與願違。

「啊，這個啊……有點難解釋（苦笑）。我們有拿學校的補助金，但也不算是學生組織……」

就這樣，我們開啟了第一次的網路對話，兩周後，他問我願不願意一起去吃晚餐。

「感覺妳是很有想法的人，應該正式認識一下。」

他的臉被遮蔽在氤氳的火鍋白煙後面，泰然自若地說出這句話。

我不太確定這句話是什麼意思。表面上的？還是意有所指？

我陷入一個陶陶然的戀愛世界。

一個獨腳戲的世界。

「我覺得他只是欣賞妳，不是喜歡妳耶！不然怎麼會都問妳的興趣、生涯規畫和夢想，而不是好奇生活瑣事？」

同學H，以一個異性戀男子的身分，發出權威性的分析。

我分不出差別。

喜歡跟欣賞。

朋友跟潛在對象。

男生，眞的好難懂。

愛情只能是被動的嗎？但主動的話，又會不斷犯錯……什麼才是正確的行動呢？不騷擾對方，也不傷害自己。

「我幫妳問了我直屬學弟喔，他是球隊隊長，那個佘翊廷有一個穩定交往中的女朋友嘍！上次大設盃的時候，她有來看他比賽，滿漂亮的樣子。妳也別太難過了。」設計系的學姊傳了訊息給我。

果然名草都有主了啊……

我好不甘心……

感覺像玩大風吹，一下子大家都配好對，找好位子了，自己卻每次都搞不懂遊戲規則，都當鬼。

「我不想當小三，可是我好想認識他！」我哀嚎。

「妳以為小三是妳想當，舉手報名就可以喔！妳喔，可能有點難……」葉旻潔促狹地說。

「靠北！」

「好了，別氣別氣。妳為什麼總是那麼二分法呢？認為男生不是陌生人，就是潛在對象。不能當好朋友嗎？」

葉旻潔拿出藏在抽屜的蘋果啤酒。

「好、朋、友，純友誼是三小啦?!開什麼玩笑？老娘高中念了三年人社班，大學妳看看，我們系也都沒什麼男生，要怎麼跟男生當朋友啦？課本沒教，實戰經驗又不夠……」

我把她的啤酒搶過來灌了一大口。

「認識，不代表勾引。當朋友，也不代表介入別人的感情。只要你們知道界限在哪，就好了。」她一臉看似經驗豐富的樣子。

在她的慫恿支持下，我繼續提心吊膽地和佘翔廷聊天，一邊珍惜著他還未親口告訴我他有女朋友這個死刑之前，可以浸泡在戀愛藥水中的短暫時光，並且試著約他出去。

「對不起，我沒辦法和妳一起去參加這個活動。」佘翔廷說。

「沒關係啦！」

我在兵荒馬亂之中，盡快找到能為自己合理化行為的說詞，把愛慕之情隱藏起來，「只是想說你可能有興趣，問問看而已，我再去找我學姊看螢火蟲就好了。」

總覺得，被對方看穿自己的心意，很丟臉。好像……自己是被買菜阿婆撿起來，又放回去的橘子——不夠好。

可是，失敗了。

「其實，我有一個交往很久的女朋友了。」

他繼續傳訊息，字面上觀察不出語氣上有什麼起伏。

死定了，我要失去他這個朋友了。（就像以前那樣）

我慌張地在自己的小套房來回踱步。（該怎麼辦才好？）

他依舊是大腳女孩難得一窺的完美高跟鞋，只不過，早就被別人預定走了。

「和妳聊天、吃飯、散步的事情，我都有跟她說。」

天啊！她女友什麼都知道！我鐵定會被當成勾引別人男人的狐狸精、賤人。

完蛋了……完蛋了……

「她說，她覺得妳很有趣，很有想法，要我好好跟你當朋友，如果有機會的話，她也想認識妳。」

這……難道是所謂正宮的氣勢嗎？

該說她開明、雍容大度，還是手腕高超？

「雖然她不在我身邊，也不會干涉我的交友什麼的，但我還是覺得，既然跟她是在一段承諾的交往關係中，我還是得尊重她，所以不能跟妳去碧潭看螢火蟲，抱歉。」

欸?!

紳士。在他講完這段話，我腦海浮現這個詞（蓋章認證）。

「那……我們還能當朋友嗎？」我膽怯地探詢。

「我不跟拒絕我、還有被我拒絕的女生繼續當朋友。」我想起很久之前，某個男生斬釘截鐵地告訴我。

「當然可以，但前提是妳願意的話。」

居然把選擇權交還到我手上？

他還是這麼優雅、有禮貌。

向他表明心意後，我傳了訊息給葉旻潔訴苦。

雖然他說之後可以當好朋友，但也不知道是一種話術，或是委婉拒絕的說詞。我彆扭得很。

「先恭喜妳又往前跨出了一步，成長了一些。他願意跟妳說清楚，而不是把妳搞上床，再跟妳說無法給妳承諾。代表他真的是個好男人，妳的眼光不差。雖然失戀了很難過，但妳獲得一個誠懇的朋友，也是一件好事啊！」她回覆。

那天之後，他遵守承諾，當我的好朋友，陪我討論課業難題、偶爾一起吃飯、聊天，在我情緒低落的時候關心我。（但也就如此而已，一個真摯的異性朋友）。

如果說，男女之間真的有純友誼（不是備胎，或是被當成性玩具），我大概是從這個時候開始，領悟到它的樣貌。

如果說，人與人之間，有一條看不見的安全界線，掌握它，就能在人際關係中優游自得、進退有度，那麼一定是佘翔廷教會我這件事：

尊重自己，也尊重他人。

就算誠實表達自己的感受，還是可以維持友誼的。這一點都不丟人現眼。

被拒絕，也不必貶低自己。

被傷害的時候，不要急著檢討自己，也有可能，對方眞的是個垃圾。

不想再受傷

這學期諮商開始幾周之後，我開始閱讀與性侵害有關的書，看看別人的經歷，也許有助於自己度過這可怕的一切。但是，我發現其中的問題……

如果，我經歷了不像「大眾以為那樣子」的強暴事件，其他人會理解嗎？例如，加害者是朋友，而不是陌生人；身為受害者的我其實沒有明確拒絕；受暴後的反應是性濫交，而非厭惡性交……連我自己都不曉得怎麼會變成這樣，又該如何向他人解釋？

難道這些不能成為我帶到棺材裡都不必再思考的祕密就好嗎？

都是謝伯倫害的，一直問，又說「男女朋友就應該了解彼此的過去啊！妳一天到晚神祕兮兮的樣子，讓我很沒安全感」之類的話，害我不得不回想這些事，去梳理以往一連串事件的脈絡。

到底哪個環節出了差錯，才會錯失拯救自己的機會？這些日子，我無法阻止自我譴責與分析，宛如一種強迫行為。如果，一開始，我沒有主動跟他說話，是不是就沒事了？但……我也主動和很多男生說過話了，也沒發生那件事。

如果，我們聊天的時候，他突然說天氣太冷，想要到室內的時候，我有高一點的警覺，有拒絕他，沒讓他進我的房間，是不是就沒事了？不過……之前也有不少男同學來我的套房拿課本、聊天之類的，也什麼都沒發生啊。

如果，我沒有那麼天真、多一點戒心就好了。但……為什麼我要幫著其他人一起譴責受害者？

我想起苗博雅在演講時，對撿屍講過一個比喻：「如果，有一包錢掉在路邊，被路人撿走了，我們會譴責這個路人侵占財物；但為什麼有個女生倒在路邊，被人強暴了，我們卻譴責那個女生，不應該自己躺在路邊？」

我經歷的是「約會強暴①」嗎？

我最近在書上讀到這個詞，讓我覺得很安慰，好像終於有個東西能準確的形容我的狀態，不用在社會的價值觀中飄浮，無法休息。

我一直都以為，只要避開黑暗的角落、晚上太晚不要獨自出門、小心就好，但我最近發現，一般人以為性侵害加害者都是陌生人居多，但其實「加害者是熟識的人」才是常態。

會不會，我們抓不準的，不是身體的距離，而是情感的界線？

有沒有可能，那個人前額葉發展②不完全，幼稚、弄不懂感情與身體的界限是什麼。也不是我的錯？我自己當下的精神狀態不好、我不懂得拒絕的技巧。

不，本來就不是我的錯！誰會病態的希望自己被性侵？

又或是教育的問題——性別教育、性觀念，一直都沒有提供足夠、正確的資訊？大家無法正確的理解「性」，並以開放、健康的態度去溝通，以至於事情發生當下，無法正確解讀對方行為含義。

要重新信任別人，好難。

希望自己會越來越好（不再自我傷害、自我譴責）。

好想，被一個人好好愛著。

尊重我。

不想再受傷了。

①約會強暴（date rape），泛指約會過程中，一方在違背對方的自由意志下，所從事具有威脅性與傷害性的性愛行為，特徵如下：

1.受害者與加害者兩人彼此認識，且可能建立良好或羅曼蒂克的關係。
2.事件發生在兩人約會之時。性行為的發生，有一方非出於自願。
3.加害者缺乏「極力反抗」的證據，如身體傷痕、衣物破損等。
4.受害者可能延誤立即報案的時機。
5.加害過程通常不需要使用武力或暴力，多憑藉口頭脅迫或其他壓力。

——整理引用自《兩性關係與教育》，陳金定著，心理出版。
《性別教育》，柯淑敏著，揚智出版。

②大腦的前額葉掌管高階的認知思考功能。

「妳覺得愛情是什麼？」

我趴在葉旻潔實驗室裡的不知名器材上面，等她事情做完去吃消夜。

「幻覺吧！」

「欸？」

「為了讓自己漫長而無聊的人生增加一些樂趣，而被造物主創造出來給人類使用的遊戲機制。」

「為什麼這樣說……」

「愛情不過就是大腦分泌『催產素』，才讓人深信自己正在熱戀，如此而已。」

「催產素，那是什麼？」

「一種激素，反正妳記得它又稱作『幸福激素』就好了。」

「你們做科學的人都這麼無趣嗎……」

「有時候，把理性的那個人格召喚出來，才能保護好脆弱的自己啊！」

葉旻潔說完，又回頭去繼續 key data 了。

Date: 2018 年 1 月 23 日

Dear diary:

為什麼那些網路對話怎麼刪都刪不掉？

討厭的人封鎖掉了還是會看見？

好想逃避，卻依舊會在同學的對話裡、校園的小道上碰見？

究竟哪裡，才有安全的容身之處？

我好希望變成一個完整的人，把過去那些不堪的回憶統統都丟掉。

可是當我想起「凡走過必留下痕跡」這句話，就覺得心如刀絞——

我再也不是原本的我了，再也回不去了。

性侵的修復歷程，好難。

愛我不愛

謝伯倫喜歡練鋼筆字，並把工作或生活的感觸寫成小卡，發表到 Instagram 上。一開始只是有趣，也當作記事本記錄下自己的成長歷程，殊不知默默地也有了六萬多個粉絲，使他不得不開始用心經營。

Instagram
「到底愛我不愛？」
打電話問你就能明白的問題
我卻坐在這裡
等塔羅牌給我答案
——〈天牛〉林婉瑜①
Liked by Sunc__333 and 247 others

這是他今天和辦公室實習生聊天後的心得。

實習生現在大三，他說他很自責，覺得自己辜負了很多好女孩，他不知道自己為什麼這麼垃圾、這麼糟糕。

當他高中參加登山社，和女校合辦社遊時，當時有女孩頻頻對他示好。他覺得女孩挺不錯的，也想好好當朋友，但他當時對愛情沒什麼欲望，甚至根本搞不清楚愛情是什麼，也就沒有想過要經營一段關係。但女孩顯然不是這樣打算的，用盡各種暗示，表達自己的愛慕之情。

也許囿於父權社會對女性的無形約束，或是早年許多兩性專家會教女孩「狩獵是男人的本性，女人只能想盡辦法讓男人對自己感興趣，自己不能主動出擊」這樣的價值觀，讓女孩只敢「耍小動作」，不敢直接向男孩告白。

男孩其實不明白，女孩當時在營火前牽他的手是什麼意思，或是在社辦休息

①引用出自《那些閃電指向你》，林婉瑜著，洪範出版。

時女孩嚷著天氣冷，然後依偎到他身旁是什麼意思。

「你讓我牽手不就是想跟我在一起嗎？」幾年後女孩說。

「我只覺得是好朋友啊……小朋友不都會跟青梅竹馬牽手？」男孩困惑。

「那我跟你說要跟你一起用睡袋時，你為什麼沒拒絕？」女孩也困惑了。

「妳說冷，不是嗎？我沒想太多啊！」男孩不知所措。

「如果我沒有想要跟她發展情侶關係，只想當好朋友，我該更直接拒絕她的行動對吧？」男孩問謝伯倫。

「可是，我沒有那個敏感度……怎麼辦？我不知道她對我有意思啊，責任在我身上嗎？」

「我不該辜負她的……那些肢體接觸會不會造成她日後的傷害，覺得她被侵犯之類的？」

男孩不斷拭淚。

聽完謝伯倫的分享，我也寫下了自己對這個故事的心得：

以前我以爲男生都是野獸
直到我看見一隻他
在午夜變身之後
也會哭

第五回／我討厭自己／

每回看表演的時候，
我最害怕，簾幕後頭，
是一面鏡子，
照出我醜陋的樣子。

對女人來說，厭女症使女人對自己感到厭惡。對任何人來說，在自我厭惡下活著都是很痛苦的一件事。
——上野千鶴子，《厭女》

完美主義

學期過了一半，這已是第八次諮商。我的改變還是相當有限。因為療程的需要，我開始回憶並陳述那些恐怖的經歷，讓我筋疲力盡，好想逃避。

不同的是，這次的心理師，比較沒像以往遇到的那樣討厭，不時就刺激我，或是像機器人般與我談話——總能感覺她在我面前拿出一個虛擬的工具箱，講出的每句話都是思考良久之後，才決定要怎麼「修理」我似的。

因為這位心理師，我比較沒有那麼抗拒諮商了，也逼得自己再試試。如同謝伯倫說的，希望這件事可以真正在我的人生中結案、變成褪色的回憶，並在生命裡慢慢淡去。

我想要——新的人生。

丸子頭心理師坐在上次那張米色沙發，這次她帶了錄音機來。

「感覺妳很在意進度這件事，對自己非常嚴苛呢！似乎在追趕什麼。」她幫我剛剛的談話做了簡短的總結。

「這是妳期待中的樣子，」她舉起右手，大拇指跟食指圈出一個圓，「這是真實的妳。」她接著舉起左手，依樣畫了個圓圈。

「嗯？」

「這兩個圓，幾乎沒有重疊。當理想我與真實我差距太大的時候，就會感到痛苦喔！」

「嗯……那我該怎麼做呢？」

「翊姍，理想的妳是什麼樣子呢？」她繼續暗示我發言。

我思忖了半晌，緩緩地吐出答案：「泰山崩於前而色不變。」

「處變不驚的意思嗎？」

「大概……是吧！能勇敢一點、有自信一點、相信自己一點，然後……有勇氣活出自己……希望的樣子。」我發現，連要說出這些話，告訴別人自己希望以什麼模樣活著，都是這麼困難。

又擔心被評價。

到底，為什麼我會活得如此卑微？像是蚊蚋。

「一邊努力往理想的妳邁進，但同時也要調整想法，把目標設定的小一點、可行一點，這樣才能減低焦慮，甚至在改變的過程中獲得成就感。」

我伸出手，模仿心理師的動作，想像兩個圓圈重合的樣子，會是什麼樣的光景？「到時候，我就能喜歡自己，過得安心踏實了嗎？」我思考著。

停頓了幾分鐘，她才打破沉默。

「翊姍，我想跟妳分享一個心理學的小技巧，不知道妳願不願意試試看？」

我抱緊沙發上的藍色絨毛玩偶，點點頭。

她向我介紹鼎鼎大名的心理學家塔爾．班夏哈（Tal Ben-Shahar）曾提出「完美主義者（Perfectionists）」與「最優化主義（Optimalists）」的差別。接著，低頭從背包拿出一個透明的資料夾，抽出一張整理好的表格①。

	完美主義者（Perfectionists）	最優化主義（Optimalists）
目標設定	過於嚴苛、難以達成	很務實、有可能性
挑戰過程	無意義的旅程	有意義的探險
完成時	無法正確評價自己、無喜悅感	欣賞自己的成就
面對挫折	無法接受失敗而感到絕望	理解失敗為成功必經過程
類比希臘神話	薛西佛斯（Sisyphus）	奧德修斯（Odysseus）
心中意象	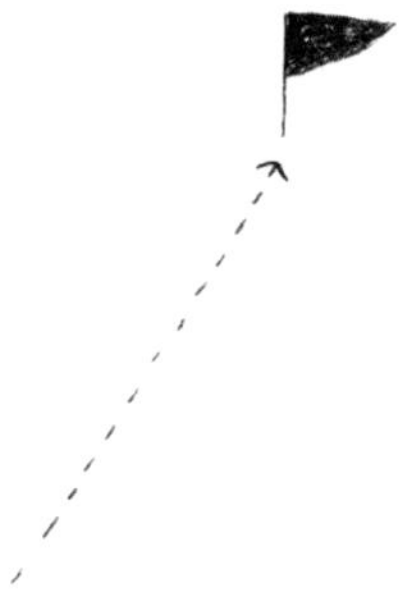	

①參考整理自 The Pursuit of Perfect: How to Stop Chasing Perfection and Start Living a Richer, Happier Life，Tal Ben-Shahar, McGraw-Hill。

「妳先看看，我一邊向妳解釋。」

「那個……心中意象，是什麼？」

「紅色的旗子代表的是目標，也許是妳想達成的事情，或是理想的自我。而那張路線圖，則代表妳從起點，也就是現在，到達成目標所經歷的過程。這張圖呈現的過程不是實際的情況，而是妳對『追尋目標』這個歷程的『認知』，也就是妳的理解、妳的想像。」

我點點頭。

「簡而言之，最優化主義者，也是求好心切的人，只是比起完美主義者，他們更理解現實中會遇到阻礙、失敗等現實，而能坦然接受過程中的不順遂，同時也能享受其中獲得的每個成功經歷，不論成功是多大、多小。」

「我太常否認自己的成就，然後遇到小失敗，就全盤否定自己過去的努力，是嗎？」

「還有嗎？還有察覺什麼？」

「我太……急躁，急著成功。」我想起之前葉旻潔跟我說的釀酒故事。

「很好喔！了解自己，是改變的一大步。」心理師懇切的點點頭。

「不論妳想做什麼，只要今天的自己比昨天更進步一些就夠了。就算面臨失敗，也要謹記心中的目標，那麼就沒有人可以影響妳追求卓越。」

她懇切地下了結語。

「記得，妳已經在前往目標的路上嘍！②」

她站在心輔室門口，向我揮揮手道別。

如果我有新的目標——具體、合理、可行的目標，我就可以依傍它繼續活下去，逼著自己往前看，不要再反芻思考那些不堪的過去，是嗎？

回家後，我找了兩張空白名片卡，寫下我的目標，放進皮夾裡。

②當自己被完美主義綁架而感到痛苦或焦慮時，記得提醒自己從「我做（doing）」的態度轉換成「我在（being）」，讓自己知道雖然成果還沒被看到，但自己已經在前往的路途上了。換句話說，就是，你並不是在對目標窮追不捨，而是你已經活在那個目標當中了。

25歲之前完成

1. 通過NI日文檢定
2. 寫完六萬字的創作稿件
3. 每三個月至少執行一次愛自己的行動（如：去吃好吃的甜點）

30歲之前完成

1. 讀完研究所
2. 發表至少一篇作品（報紙、網路徵稿、書）
3. 擁有親密小團體（如：固定的讀書會）

心魔

我和謝伯倫之所以認識，是早在高中時，老師鼓勵我們去參加教育部的青年人權營，說能培養我們的思辨能力，對人社班的同學來說，未來參加大學推甄也更有利。

那時候謝伯倫還是主辦單位的助理。雖然我跟他不同組別，但在某一次的肢體劇場練習中，我跟他都同樣扮演了海豚的角色，而開啟了話題，在營隊結束之後，順道留下了聯絡方式。

雖然留了聯繫方式，但現實生活中仍舊沒有交集，真正的重逢是他回學校進修，去日本交流那次。

剛認識的時候，由於他在人權營報告總是侃侃而談，甚至帶點強硬的態度，讓我有些畏懼，而對他產生諸多誤解。就像珍・奧斯汀（Jane Austen）的《傲慢與偏見》，我是對他充滿偏見的伊莉莎白，而他是被我誤會的傲慢先生達西。

想到自己的愛情竟然會跟古典小說產生共鳴，實在不禁莞爾。

總之，後來才發現他是個不錯的人，肚裡有墨水，想法很有彈性。

但是，他也有脆弱、不為人知的一面。

我想，我後來會接受他成為我的伴侶，大概是他的陰性特質。

相較於社會上偏好男性要雄壯威猛、堅強獨立、自信勇敢等陽性特質，我更喜歡願意向他人示弱、會哭泣、會沮喪的男性，讓我覺得更像活生生的人，更沒有距離感。

我愛他的溫柔、他的貼心、他的善良，總是願意犧牲自己的時間去照顧陌生人。願意花很多時間，聽我的心事，和我討論感受，調整感情經營上的問題。

可是，就算他有很多朋友，以及我都告訴他，我們喜歡這樣的他，他還是會感到痛苦，覺得自己不像社會上期待的那種男性。

今年七夕情人節，我和謝伯倫一起去了綠島三天兩夜。

剛浮潛完，沾了滿身的泥沙，他先去盥洗。

等他的時候，我才發現忘了把項鍊取下，希望它不會被海水腐蝕。

交往一周年，他送了我一條銀色的紙飛機項鍊。他說他希望我永遠記得兒時的童真與夢想，不論遇到什麼困難都不要被心魔打倒，就像不懂現實殘酷的幼童，會為了想要的東西，拚命追尋，不斷進步。他也要我像飛機一樣自由，去任何想去的地方，追求我的夢想，不要讓一段感情侷限自己的可能。

我不知道他說這段話是什麼意思，是暗示我阻擋他的前途嗎？是要叫我識相一點，在這段旅程結束之後就離開他嗎？

是不是他就要工作了，想在新環境找比我條件更好、更適合的女人交往呢？

該怎麼做，才能知道他是不是真的愛我？

我拆下項鍊，輕輕掀開浴室的藍色門簾，抱住正在沐浴的他。

我必須做點什麼，以驗證、鞏固這段關係。

謝伯倫，你能通過考驗嗎？

「我們那個好嗎？」我低聲詢問。

「哪個？」他轉頭問我。

「就是那個啊。人家想要做……」我嬌嗔著。

「現在？」

「對。」

「那妳說清楚。哪個？」

他轉過身，把我推開，眼睛睜得圓圓大大地看著我。

「欸？你知道不就好了。」

我感到很彆扭，長出了脾氣。

「不行，妳要說清楚，妳想要做什麼。」

「為什麼……」

「怕我會錯意。天曉得妳想要做什麼？」

我拉他的手放到我的肩頭上，扯去泳裝的綁帶。

「這樣呢？還不懂嗎？」

他搖搖頭，「不懂。這件事是很慎重的，希望妳想清楚再做。雖然妳已經滿十八歲很久了，但依舊很年輕。我不希望妳是一時衝動才如此要求，之後反悔，會造成妳一輩子的傷痛。」

他把雙手按在我的肩膀上，神色凝重。

「喔……」

我似懂非懂的點點頭。

「況且，對男生而言，也要保護自己。也有男生，在合意性行為之後被女生誣告性侵害，對男生的自尊、名譽跟工作也是一大打擊。」他露出一抹微笑，「如果妳真的愛我的話，不會要我承受這種擔心吧？」

「你該不會要我簽什麼性交同意書、行房紀錄器之類的吧？」

我氣到幾乎要哭出來了。

「不會。但妳必須說清楚妳想要做什麼。」

「可是我……好難啓齒，說不出來。」

「想做就說啊！這又沒有什麼，人之常情而已，是人都會有性欲的。」

「可是……唉呦，我想要……」我皺了皺眉頭，洩氣地用拳頭捶自己的大腿，「說不出來啦！」那些字像有利齒的獸，咬掉我的舌頭。

「那不然這樣，我幫妳說，妳同意的話，就複誦一次我說的內容，這樣好嗎？我們來練習看看？」

我點點頭，想看男友會變出什麼把戲。

「我李翊姍，於今日，民國一〇七年八月十七日，已經過深思熟慮，不受任何人的脅迫，決定和男友謝伯倫做愛。」

他像宣讀結婚誓言一樣慎重。

「我李翊姍，於今日，民國一〇七年八月十七日，已經過深思熟慮，不受任何人的脅迫，哈哈哈哈哈，一定要這樣嗎？」

我忍不住笑出來，他依舊堅決地點點頭。

「決定……和男友謝伯倫做愛。」

「我想問你，謝伯倫，願意跟我做愛嗎？」

他繼續宣讀誓言。

「我想問你，謝伯倫，願意跟我做愛嗎？」

我看著他的眼睛，這次態度肯定許多。

「我，謝伯倫，經過深思熟慮，決定和李翊姍做愛。」

語畢，他給我一個溫柔的長吻。

雲雨之後，我的乳房緊貼他汗水淋漓的背膀，我挨著他的頸項，問他：「你為什麼會這麼慎重？」

我感覺他的成熟必然與過往有關，才會如此謹慎。

「我小時候是體操隊，直到有一次練習空翻，摔斷手骨，才決定退出體壇。教練對我們而言，不只是老師，更是人生導師。除了體能、運動技巧上的教學，還要我們思辨社會議題。『當個全方位的人，而不只是四肢發達、頭腦簡單的蠢蛋！』這句話是他每次做暖身操都喊的話，也是我一直提醒自己的事。」

「喔……那跟我們要不要做愛，有什麼關係？」

「體操隊也有女生啊。有時候會跟她們一起練習。教練很早就給我們性別教育。**不論什麼性別，都要尊重別人**。未成年不能發生性行為，成年之後，也要確定雙方是你情我願，不受脅迫，才能做愛。」

「那你剛剛那個誓言，該不會是體操教練教你的吧？」

我忍不住笑出聲。

「喔……不是，那是我自己想的。我覺得說出來很重要，很多時候，事情放在大腦裡想會打結，但說出來的同時會同步思考，會更清楚自己的想法。」

他轉過身，撫摸我的身體，我感覺到他濃濃的愛意，透過指尖，傳到我的心裡，全身酥麻的顫抖著。

這是我之前未曾經歷過的感覺。

有點難以形容，但就是不一樣。

可能是……他會在意我的感受，會跟我溝通吧？我猜。

他的手指停留在我肚腹上的一道疤痕，但他沒有多問，僅是凝視著。而我也沒有多做解釋，我還沒準備好，完全坦承過去發生的每一件事情。我想起貓咪，是一種警戒心非常高的生物，當牠願意以肚子朝上的方式睡覺，表示牠信任你。我想，自己也是一隻個性詭譎的貓，難得的，願意對一個人露出肚子。

我把棉被拉緊，轉過身欲眠。

忽然想起，前年暑假，與他在活動中重逢，那時候我們還不熟，雖然在更早高中時的教育部活動就認識了，卻沒講過幾句話，那趟旅行才是我跟他開始熟悉的轉捩點。

在日本痛苦幽暗的日子裡，他主動扛起照顧我的責任，即便我什麼都沒說，也能讀懂我眼中閃爍的求救訊號，主動擋在我和那個人之間，隔出安全距離。

也想起了去年，他找了我一起跨年。聽完韋禮安之後，我便意興闌珊想回家補眠。他騎車載我經過漆黑又冷冽的民族路，我被寒氣攻擊得直發冷顫，他便說：「怕冷的話，可以把手放到我的口袋，沒關係的。」我搖搖頭，說聲謝謝，繼續抓緊後座把手，忍耐寒風摑我好幾個冰凍巴掌。那時候沒說出口的是：「我怕你誤會。」我好怕他又是另一個撩妹獵人，而我是待宰的白兔。

其實，那時候我好想抱住他，好希望能依靠他，好想跟他談戀愛。但我必須忍耐、克制自己。不能再飛蛾撲火，因為寂寞而走上以前那條自戕的老路了。

現在，他能在身邊，真是太幸福了。不過，這時候我又開始擔心起來，在感情、在性生活上，謝伯倫會不會也「很老派」呢？

要處女。

前陣子，我好忙好累，脾氣差得要命，老把他當出氣筒。我氣惱著對他說：「你這種富家子弟哪裡知道我們這種要背學貸的辛苦？哪有心力像你們想跑活動就跑、想玩社團就玩，我們的青春早就耗盡了。什麼熱血沸騰的大學生活，都是你們這種中產階級的子弟所記錄的。社會上還有一群人，除了努力活下去，已經沒有太多心力顧及其他。擁有夢想本身，就是一種奢侈，你懂嗎？」

他脾氣真的好，也沒與我針鋒相對，淚珠撲簌簌地掉：「學校的活動總是需要有人去做，尤其是學生的權利是要去跟校方爭取才有的，不然哪有那麼多國際交流活動、新增的自修空間？就是知道有些學生比較辛苦，要打工，沒力氣去做這些。所以這種勞心勞力沒薪水的苦差事，我們才要攬下來做啊！」

那是我第一次驚覺，原來他有我認定以外的樣貌……

或許，真的可以信任他。

想到這，一道睡意襲來，意識不禁逐漸模糊，我便沉入深深的夢鄉……夢中的我癱軟在沙灘上，失去了雙腿，螃蟹攀附在我身軀上，啃食我腐朽的下肢。

這是我嗎？

我變成這樣了嗎？

我好疲倦，如同過去數以萬計的癱軟在晦澀無光的房間裡，無力邁出房門，無能步向新生活。

一波浪潮捲起，如三層樓高的海嘯，像巫婆的臉，朝我臥躺的岸上襲來。

「可以救救我嗎？」我用盡最後的力氣放聲尖叫。

我被海浪重擊的瞬間醒了過來。

我好怕自己又剩下一個人。

驚慌的醒來，睜開眼發現他還在身邊，真是太好了。

「如果我們以後結婚有小孩，也要從小教育他們正確的性觀念喔！不論男女，都要教他們尊重別人，也要保護自己。如果是酷兒的話，我們要教他／她勇敢做自己，不要畏懼世人的眼光。不論是誰，都有擁抱幸福的權利。」他看著我，淘氣地眨眨眼。

我恨你

周末，我和葉旻潔相約故宮南院看展覽。那些展品無比的閃耀與精緻，相形之下，我是如此敗破。瞬間又喘不過氣。此時，她的手機傳來簡訊嘟嘟聲，我便調侃她：「是不是偷偷跟學長交往了，沒告訴我？」

她冷靜地低頭繼續打字，一邊說：「沒有，還單身呢！是以前大學認識的男同學啦，不是我暗戀的那個學長。」

我扭了脖子過去，偷瞄了一下螢幕，看到對方傳來的訊息：「明天晚上我女友加班，我真的不能去找妳嗎？」

我嚇了一跳，摀著嘴問她：「妳該不會陷入什麼奇怪的感情關係裡了吧？」

「就是個有女友還欲求不滿的孤獨男子就是了。」

「天哪！那妳怎麼還跟他說話……他分明就對妳不懷好意啊！」

「就是好朋友嘛……反正只是陪他聊天，我也不會少塊肉，我不會真的跟他發生什麼關係，沒差啦。」
「但他有女朋友了，這樣不好吧？」
「哪裡不好？」
我想了一下，「不會覺得……對不起那女生嗎？好像自己沒有遵守界線什麼的？」
「是他主動來找我聊這些話題的，不是我去勾引他的，何必有罪惡感呢？而且我跟他說過了，要他自己顧及他女友的感受，被抓到了他自己負責。我跟他聊天是我跟他的關係，他跟他女友的關係是他們自己的，與我無關。」
「好難懂……不過這樣聽起來，好像也是。清楚自己的原則是什麼就好了。」我搥搥腦袋。
走馬看花地逛完展覽之後，葉旻潔從背包裡掏出兩本書，要我回家看。

我記錄下兩段有感觸的話，並練習寫下日記。

心理學家詹姆斯・潘尼貝克（James Pennebaker）曾研究創傷倖存者（遭到性侵害或亂倫者）如果保守祕密，不向他人傾訴自己的遭遇，造成的傷害可能比實際的經歷還要嚴重。

後來，他更研究表意寫作（expressive writing），發現書寫創傷的經驗，就算每天只寫二十多分鐘，持續三、四天，也能改善身體與心靈的健康。

——Brené Brown，《脆弱的力量》

憤怒療法（anger therapy）是一種安全的洩怒管道。

有些患者會寫一封表達憤怒的信，但他們也許不打算把它寄出去。

——Barrie Levy，《約會暴力》

Dear diary：

討厭的〇〇〇：

前幾天看到新聞，有手機跟藥品的 A 貨做得十分逼真，連專業人員都難以辨識出真偽。

在感情世界裡，究竟該怎麼分辨誰、什麼時候，是真心的？是不是終究得被騙過幾回，才會知道對方是單純的天真小孩，還是口若懸河的騙子？

我討厭你的藉口，如此俗濫。

我恨你，好一點的理由都不願意幫我編織。

也恨自己，愚笨得可以，竟然會相信你。

我們永遠不知道，這次遇到的這個人是哪一種，只能提高警覺，相信一次；或者，保護自己，斷然離去。

希望你，之後不要再以愛之名行騙，在更多的女孩身體上、心理上留下無可磨滅的傷痕，讓她們再也無法相信愛情，無法信任男人。

我不會感謝上蒼讓我遇見你，但我感謝祂讓我在之後的人生裡遇到愛我、尊重我、包容我的人，讓我有機會重新學會愛，找回自己。

重新當一個人。

〇〇〇我恨你，願你不得好死。

而我，將會獲得新生。

網氏（罔市女性電子報[1]）

“這種把跟性有關的犯罪歸責於女性，或只著重在女性要懂得自我保護，而不是去教育男性或譴責男性的性暴力，是父權社會中性控制的一種手段，甚至女性對女性的譴責更甚於男性……2014 年 9 月 28 日，美國加州州長傑里・布朗（Jerry Brown）簽署了一條名為 SB967 防止校園性侵法案（SB967 法案也被稱為「積極同意才算同意」〔yes-means-yes〕法案），法案中要求所有接受加州政府學生財力補助的公立、私立大學院校內發生的所有性關係，必須得到雙方肯定的同意（affirmative consent）。”

現代婦女基金會 公益行銷部主任吳姿瑩[2]

“只要回想生命經驗，就會發現，**女生的性語言很少**。我們很難開口去談自己的欲望，去談自己哪裡舒服，去談自己其實不要，**談性有很深的羞恥感**。很多女生連陰莖、陰道、做愛、性交都很難說出口，要怎麼去談性侵害？性對女生來說，多半是關起門來談的事。”

---

① 〈【人身安全四】不是積極同意的性交就是性侵〉，何旻燁著。

② 〈專訪現代婦女基金會：女生的性語言很少，連說爽都很困難，怎麼說被侵害？〉，女人迷主編 Audrey Ko 著。

勵馨基金會副執行長 王玥好[3]

“性暴力之所以成為婦幼最大的恐懼，在於此犯行對受害人造成的傷害，不因行為的結束而畫下句點。許多實證研究指出，性侵害是一深具創傷性的生命事件，受害者經常面對創傷後壓力症候群的折磨，短則數月，長達數年，因不堪其苦而企圖自殺，或成為精神疾病患者亦不在少數……有關性侵害犯罪防治之法制，於民國 86 年通過《性侵害犯罪防治法》，《刑法》於民國 88 年修法妨害性自主罪章，除配偶間或兩造皆未滿 16 歲外，由原本的告訴乃論改為非告訴乃論罪，立意在宣示性暴力為國家所不容許的暴力行為，一旦知悉性暴力，國家公權力要主動介入以保障被害人之權益。然公權力介入性侵害案件，是否真能妥善地保障被害人權益？根據本會實務經驗，被害人尋求法律保護的意願，實影響其配合司法偵訊的程度；而現今司法制度的若干缺失，導致被害人屢受二度傷害，也成為被害人進入司法流程的阻力。”

歐普拉（Oprah Winfrey）[4]

“我可以確信，（對抗性暴力）我們所擁有最強大的工具，就是「説出你的真相」。那些自我培力至勇於發聲、分享她們個人故事的女性，都讓我深感驕傲、深受啟發。”

---

③〈性侵受害人的法律權益保護〉，王玥好著。

④歐普拉於 2018 年的金球獎演説。

選擇權

對於性行為、性關係，該抱持什麼樣的態度才是合適的呢？

那套度量的道德標準是誰制定的？

那些譴責女人不該淫亂的人，是誰授予他們權力來指責別人？如果行為沒有侵害他人的意願與權力，關係／契約外的人，又有什麼資格置喙呢？

我經常思考這些問題。

隔天，和葉旻潔說好一起參加研討會。幾天前才和她確認，屆時會在台北車站大廳相會，然而，卻在約定時間前兩小時接獲她的簡訊：「我想先去找學長，十點再去找妳好嗎？想……找他聊天散步。他現在在台北工作。」

「真的，只有這樣嗎？妳想清楚了嗎？」

我嗅到不安的氣息，像一隻蟄伏在回憶底層蓄勢待發的猛獸。我本想提醒她一些事，但句子被推送至舌尖，又立即吞嚥回去，像每每引發嘔吐感的胃酸，不停侵蝕食道。我想，她已經是個成年人了，大學畢業，應該替自己做選擇。

是嗎？

有時候我仍會質疑自己的決定。畢竟，事發當年，我已經成年了；現在我也大學畢業了，卻依然無法讓自己避開災禍。

我遵循著治療師的建議，當自責的念頭浮上意識冰山，牽連倏然崩塌的恐懼記憶冰河，將我凍結成千年不壞的屍塊，只剩幽怨與憤恨的猙獰面貌時，便不斷叨念著：「這不是我的錯，這不是我的錯。我當時已經做了對自己最好的選擇。那是不得不的……」

我不願、也不能替她做任何選擇，更遑論道德判斷。我是她的朋友，只能默默支持她，在她難過傷心的時候，聽她訴說、承接她的情緒。

我想起老師在「助人技巧」課堂上的叮嚀：「每個人都有自己的生命軌跡，我們無法過度干涉，他們必須自己克服難關。我們的工作只是從旁協助。」

好難。

對於一個即將要自毀前程的個案，都已經放不下心（但根據職業倫理，助人者仍然要劃清心理界線），更何況是葉旻潔，我的好朋友。

我多麼不願意看見她步上我的後塵，又踩踏那些銳利的石子路，在漫天塵土中割傷了雙腿，蹲踞在路邊哭泣，怪罪不懂事的自己。一瞬間，我成了母親，一個和她同年齡的母親。那個在我心裡凍死的小女孩，變成葉旻潔的面容，時而歡笑，時而憂愁。

我想起自己真正的母親，曾經用過多少社會案例、鄉土劇劇本告誡過我，要小心男人，保護自己，但我仍然沒有遵循她的教誨。我聽進去了，她的勸導我全刻畫在心尖上，不時還捧在心上溫習。但面對選擇的當口，我仍然不知所措，在毫無諮詢對象的情況下，慷慨赴義。

葉旻潔呢？會聽我的勸嗎？會因為我變成母親的說話方式，而想要叛逆、抗拒嗎？或是會因為我是同儕，平起平坐，而參考我的建議？

我把字句打了又刪，來回往復無數次，最終沒把訊息傳出去。我想，她有她的性自主權，她有實踐欲望的權利。我不該多舌。那瞬間，我才發現，自己並不是真的那麼了解她。

「嗯。」她傳來了簡短的回覆，從文字上讀不出任何情緒。

「注意安全，保持聯繫，好嗎？」

「好。知道了。」

「手機開著，有事情隨時 call 我。」

八點整，沒有已讀訊息。

九點整，沒有已讀訊息。

十點整，沒有已讀訊息。

十點半，傳來簡短的訊息：「剛上捷運，三十分鐘後到妳家那站。」

她拉著硬殼黑皮行李箱出現，臉頰上掛著不對稱的表情，髮絲尖擴散出潤絲精的香氣。我猜想是不是如我預期。

但願不是。

葉旻潔欲言又止。

「妳該不會……？」

「嗯，我做了。」

「妳不是說只要牽手散步嗎?!」我心裡的小女孩又變回自己的臉面，肌理歪斜錯亂，開始放聲尖叫。

「我……我也不知道。我就想……確認一下。」

「確認什麼？」

「他到底愛不愛我。」

「結果呢？」

「我不知道……可能……沒有吧！」

「妳怎麼這麼傻?!我之前不是跟妳說過我的事情了嗎？我不想要妳重蹈覆轍啊！」

「我知道。我知道。我知道妳提醒過我。但我也不知道自己在做什麼。我就是放他不下……」

「會難過嗎？」我試探。不確定她現在的狀態如何。

她點點頭，靠在我的肩上哭了。這次，換我安慰她。
在愛情裡，再理智的人都免不了傷害自己一回。

謝謝你

英文課的筆記複習到一個段落，我把手機關閉準備再休息一下。這時候我瞥見螢幕上映出自己矇矓的臉頰，瞅著坍塌的鼻梁還有巨大的蓮霧鼻，加上這幾天沒有睡好造成的水腫，自信碎成粉塵。

對自己身體的厭惡感直衝腦門，焦躁的蟲子又開始啃食我的身體，想立即衝到無人的山谷放聲尖叫。

這時，謝伯倫傳了一則不同身材女孩的訪談影片給我[1]，我拿起手機到圖書館裡的影印室裡觀看。

影片中描述了十種不同身型的女孩，每個人皆有各自的煩惱。

像是我一直很羨慕的紙片型女孩，原來會因為身體沒什麼肉，躺在木頭地板上疼痛不堪，穿衣服、戴手錶等，總會因為太寬鬆而不適用。還有，我一直因為自己皮膚過白，導致黑眼圈很明顯而困擾，而對膚色天生黝黑的女孩感到歆羨，但在影片中，我卻發現原來皮膚黑不僅衣服搭配受限制，頭髮染色也沒有太多選擇。但不論是哪種女孩，還是有自己的特色，並且最後都獲得幸福。

我覺得他很厲害，像個會讀心術的魔法師，總是能給我最需要的東西。我發現自己總是太常羨慕其他人，覺得自卑，看不見自己的優點。我希望，也能更接納自己的身體，愛那些不夠完美的部分。

「嗯，謝謝你，我需要消化一下這些訊息。」

「就知道妳會胡思亂想，哈哈。」

謝伯倫傳了張貓咪抱著愛心的貼圖過來。

「我要很認真的跟妳說，妳不喜歡穿那些裙子、涼鞋，就不要穿沒關係。喜歡穿運動服、襯衫、剪很短的頭髮，也都沒關係。只要妳開心，喜歡妳自己的樣

①引用自網路影片〈10個女孩身材的煩惱——只有妳知道〉，噪咖製作。

子，健健康康就好了。我喜歡妳喜歡自己的樣子，不再太在意別人的眼光。」

「嗯，做自己……是嗎？」

「對啊，肯定自己，愛自己。」

「說本容易，做來難哪……社會對美、對身材、對女生……的框架，無所不在。好不容易勇敢一回，又會發生一堆鳥事，讓剛發芽的自信摧殘成壓爛的雜草，橫屍路邊。」

「是不容易，但妳是妳，只要沒有違反法律、傷害他人，妳有權利選擇要成為什麼樣子。」

「吼，那是因為你是男生，才這樣講，女生受到社會監視的眼光很多……」

「這個社會，對男生也有很多框架啊，比如：應該要有肌肉、要賺大錢養家、要勇敢、要功成名就……我也不是世俗眼光期待的那種男生啊！」

「嗯……」

「那我們一起努力，互相勉勵，好嗎？李翊姍。」

「雖然身為少數族群，非常辛苦，但我們還是要愛自己、做自己。」

我向他點點頭。如果沒有謝伯倫跟葉旻潔，我可能沒辦法支撐到現在。

雖然修復之路還有一大段要走，但至少，我從愛情的迷魂湯清醒過來了。

從今以後，我要開始做我自己，過我自己的人生。不要再像行星一樣繞著太陽那樣，失去自己的主體性。我要拿回人生的主導權。

可是，我還是想問：

愛情，究竟是什麼？

後記　希望你過得好好的

（一）

「我愛妳。」

這句話，有多少魔力？讓女孩願意付出一切，甚至改變、丟棄原本的自己。

每個女孩，在成長過程中，都曾渴盼被好好疼愛、遇上心目中的理想伴侶。

但是，愛情，究竟是什麼？

Abraham Harold Maslow 在需求層次理論（Maslow's hierarchy of needs）裡說，「愛與隸屬」在金字塔根基的第三層，是人類的基本需求。

Robert Jeffrey Sternberg 的愛情三元論（Triangular theory of love）包含：親密、激情、承諾，再從中依不同比例混合，可得出七種不同的愛情類型。

Gary Chapman 博士提出五種愛之語，包含肯定的語言、精心的時刻、接受禮物、服務的行動、身體的接觸。

但知道這麼多前輩如何定義「何謂愛情」之後，還是無法回答我，在一場真實的愛情修煉場裡遇見一個活生生的人時，怎麼知道他是不是真的愛我？哪一種愛？如果被騙、受傷了，該怎麼辦呢？於是，在跌得鼻青眼腫之後，有了這本小說——一本包含些許心理學小知識的女性成長小說。對於愛的憧憬之外，我們也應該明確地了解「危機的長相」，才能在事發當下，擁有更好的應對能力。

國高中階段，老師與家長無不告誡我們，應以課業為重，盡其所能將青少年的情感與性欲的探索摒除於真實生活之外。然而，這兩者為人之本能、基本需求，如何能完全消除？難道你會因為想要存錢買房，就完全不吃不喝嗎？那在存到錢之前會先變成木乃伊吧！再試問，為何課業與個人成就的追求就具備比情感與性欲更重要的意義呢？

在真實的世界裡，不只有白馬王子、溫柔學長跟帥氣總裁，還有許多只想利用妳的天真與單純，滿足他個人性欲的人渣。當妳以為自己在追求愛情的時候，往往是一步步踏入色狼精心設下的圈套而不自知。羅曼史的現實版本是，除了有情人終成眷屬、被拒絕而痛哭流涕之外，還有……「約會強暴（Date Rape）」。

大家都在教我們面對性侵時要說不，要有身體界線，但為什麼事件發生的當下，對受害者而言，「說不」本身竟已如此艱難？為什麼健康課本上出現過的「拒絕技巧」，事發當時，卻無法產生作用？

此外，對性侵的倖存者來說，出櫃（come out）——告訴他人自己曾經有遭受性暴力的經歷，是非常困難的。首先，性侵害事件，本身是極為私密的，要從幽黑的櫃子踏出去之前，得先觀望外在環境友善與否，以及能否覓得一個能信任、具備同理心的聆聽者。畢竟，現今社會仍存有「女性在婚前必須是處女」、「會被性侵是受害者自己的行為或打扮不檢點」、「判決不起訴代表是台女誣告」等荒謬的仇女言論時，要喊出 #metoo 是極需勇氣的（我甚至在補習班課堂上聽過老師一邊講黃色笑話，一邊嬉鬧著：「女同學今天回家會不會上網發文#metoo，說被性騷擾了呢？哈哈哈！」在這種嘲諷倖存者的氛圍下，要說出來自己的遭遇與處境，又增加一層阻礙）。畢竟，在櫃子裡的人，在走出去之前，始終不會知道身邊的人際關係、他人對自己的評價會不會產生劇烈變化？現在的自己，承受得住這些「二次傷害」嗎？就算有一百則鼓勵的留言，只要有一則譴責的言論，就可以把當事人打入煉獄；在當事人情緒尚未穩定、安全網還沒建立起來之前，公開揭露自己的受暴經驗，都是相當有風險的行為。

而性侵案件中最難啟齒的便屬「約會強暴」。約會強暴常在與朋友相處時發生，因此受害者經常有較深的罪惡感、缺乏安全感、自責、羞愧感等特性，倖存者往往會擔憂現有的人際關係受到影響（雙方可能有不少共同朋友），並採取自我孤立的舉動，而不敢求救。抑或是，倖存者在痛苦的回憶掙扎許久後，才恍然大悟——原來對方沒有權力對我做這些事（連自己被性侵了都不知道）。

事實上，國外的調查中顯示，青春期與大學女生遭受性侵的案例當中，67%是約會強暴。這個現象足以顛覆人們以為強暴都是由陌生人下手的迷思[①]。同

①引用自《約會暴力：從干預到教育，防範青少年虐待式》，Barrie Levy 著，遠流出版。

時，根據國內研究發現，有59%的大專學生表示在約會時曾有受暴經驗，其中屬於性暴力的達7.6%，受害者多仰賴個人系統來因應約會暴力，鮮少求助於正式系統[②]。此外，根據我國衛生福利部保護司於民國一〇六年發布的性侵害事件通報案件統計，加害者與被害者的關係共分成十九個類別，將歷年資料區分成「與被害者不相識（網友&不認識）」和「與被害者相識（扣除前兩者的十七個類別總和）」簡單進行分析，發現前者比例是13%，後者高達86%，又再次證實「色狼」其實多半是受害者身邊的人。

由於遭遇約會強暴的倖存者是多麼需要透過「說出來」去哀悼創傷（在安全的環境下），而回憶與述說本身是如此艱難。也許我們尚未能以言語表達自己經歷過的創傷，但仍可以從某些歌曲、畫作、詩詞、小說等發現自己的影子，在這些作品裡找到安置己身痛苦的空間。因此，我希望利用這本小說的故事脈絡，讓約會強暴這件事能付諸社會討論的基礎，讓大眾能夠理解、同理倖存者可能遭遇的困境與內心掙扎。同時，也期盼此書能幫助倖存者利用它去接納自己，甚至試探他人是否能夠信任的工具（假設妳尚未覓得一個值得信賴的人傾吐自己的經歷，那至少，可以和他或她討論這本書，測試對方的回答與價值觀會不會傷害到妳？能不能承接妳的情緒？）。

如果，在尋找愛與療傷的過程中太過難熬，希望這本書能讓妳稍微舒緩疼痛，度過那些寂寞難耐的夜晚。

②引用自〈大專青年的約會暴力經驗與因應策略初探〉，沈瓊瑤著，《中華心理學衛生學刊》第二十六卷第一期，頁一－三一。

（二）

「妳很像我的〇〇耶！」

空格內可以帶入朋友、表姊、同學，這句話我在無數場合聽到陌生人對我說過，不論是寒暄多於真心的研討會，還是只能鞠躬哈腰發傳單的百貨公司手扶梯旁。對於一個在現實生活中沒有朋友也沒有表姊、同學像鬼一樣不確定是否存在的邊緣人來說，這句看似親切的話，卻是特別諷刺。

尤其在他們無視我的手足無措，還繼續拿出所謂朋友表姊同學的臉書或Instagram 證明我有多像某某的時候，讓我更火冒三丈。

我不想成為誰的副牌，我就是我。

更何況，我一點都不像那個樣子，臉頰不像，顴骨不像，個性也不像。

直到有一天，我不得不承認，她有點像我。或者，我有點像她。

「我覺得妳應該去看看林奕含的訪談，覺得她跟妳很像。」許久不見，跳跳突然傳了 Message 過來。

「哦?!」她是誰，我在心裡打了個問號。自我防衛的反射神經立即激發，想要辯駁……那時候她的小說還沒發行，只有《報導者》上最初的一篇訪談：

就算再簡單的事情，我也很想經歷。那是我應該要去的地方，本來的歸屬，可是因為我的病，沒辦法抵達。

這個疾病它剝削了我曾經引以為傲的一切，我曾經沒有空隙的與父母之間的關係、原本可能一帆風順的戀愛，隨著生病的時間越來越長，朋友一個一個離去，甚至沒有辦法念書，而我多麼想要一張大學文憑。

——〈成為一個新人——與精神疾病共存的人生〉二〇一七年一月九日

我看這段文字，眼淚突然嘩啦啦的噴出來了，她是多麼勇敢，才能用這麼肯定的語氣說出這些無奈跟傷痛？這些話，不正是我這些年不斷飽受折磨的感受嗎？可是，我卻連在日記裡坦承自己的怨懟跟自卑都沒有勇氣，還不斷妄想擔憂著會不會有哪個千里眼、正義魔人偷窺到我的內心獨白，糾正我的思想：「都考上國立大學了，妳還抱怨什麼？妳太不知感恩了！」「被霸凌又怎樣，為什麼不放下過去？」「妳還不夠努力，請加油！」「憂鬱症沒什麼，妳幹嘛不想開一點？」

我反覆咀嚼她的文字，習慣性地雙手環胸，右手焦慮地在左手臂上反覆留下深淺不一的鮮紅色指甲痕。

「面對自己恐怖的創傷還有社會的冷嘲暗諷，妳們都很勇敢。」跳跳在螢幕另一側又鍵入新的句子。

勇敢？

一直以來，我都覺得自己好懦弱，把自己隱藏起來，像空氣中一顆不被注意的氮氣分子，消失也無所謂。德國哲學家尼采曾說：「自我肯定、自豪、主動，是主人的特徵；自我否定、謙卑、被動、憐憫，是奴隸的特徵。」唉，我就是奴隸，我有什麼辦法？（滿滿的無力感。）但看完這篇報導後，我告訴自己，「之後要勇敢一點喔！像林奕含一樣。」

傳出她過世消息的那一周，我經常躲在租屋處角落瑟瑟發抖，面牆的房間，沒有光線穿過百葉窗。我若不是哭泣，就是全身無力地蜷縮在床鋪上，無法思考。有時候滑滑黑白頁面的 PTT，就覺得好氣餒又悲傷（被傷），受挫感從二尖瓣膜汩汩流出，無法遏止。

有時候我會問自己，為什麼為了一個現實生活中不認識的人哭成這樣呢？為什麼她沒有等到我變得再好一些，能提起勇氣去認識真正的她的時候，她就離開我們了呢？

為什麼大家都誤解、污名化精神疾患呢？

為什麼大家不懂，就算性侵案件不起訴，也不代表受害者的創傷是假的。司法上不起訴是因為刑法是「無罪推定」哪！「舉證之所在，敗訴之所在」，證據是在法庭上判斷有罪與否的標準。但性侵害案件因為是密室犯罪，以及事發當時受害者可能是處於驚嚇而凍結（freeze）[③]的狀態，而無法逃跑跟反

③壓力反應是指人受到壓力時會產生的行為：

- 戰（fight）：推開、咬、踢……加害者等，激烈抵抗行為。
- 逃（flight）：逃離現場。
- 凍結（freeze）：愣住、身體無法動彈，思考該做何反應中，宛如森林中被探照燈突然照到而呆住的兔子。

當我們遇到危險的時候，而且這個危險過於龐大，以至於我們認為沒有倖存希望時，較常出現凍結的反應。像是車禍、持槍搶劫、性侵害事件中，受害者傾向將自己的精神從身體移除，產生麻木不仁的狀態，讓自己不會感受到被攻擊的痛苦。也因此，創傷事件在事後常常是沒有明確記憶的。

抗等諸多障礙，而難以採集證據。缺乏證據，是檢察官難以起訴的主因。

再者，受害者普遍有擔心社會觀感、自責、恐懼司法等狀況，加上被害者與受害者多半是認識的人（而不像強暴迷思所認為的加害者是陌生人），可能「連自己被性侵都不知道」，只覺得好痛苦，而沒有求助跟報案。

事實上，據估計性侵的犯罪黑數有七至十倍之多啊！

我出不了門，驚駭的回憶如海嘯般席捲而來，撲滅我的行為能力。

還記得那天在上「助人技巧」這堂課，同時撰寫《別再叫我加油，好嗎》的書稿。顧不了老師會怎麼評價我，還是任性地傳了訊息跟教授請假：「老師對不起，我無法告訴妳詳細理由。總之，我感到非常痛苦，除了哭跟呼吸困難什麼事都做不了。我今天要請假一次。」

e-mail 信箱很快叮咚一聲。

「請假沒關係，在家好好休息。不知道閔筑是不是受到最近的新聞影響，產生替代性創傷（vicarious traumatization）[4]呢？休息可以，但記得把手機關起來，別接收太多資訊，偶爾出門走走，曬曬太陽喔！這次的課程很重要，我們下次再複習。」

果然是專業心理師，什麼都瞞不過她的法眼啊！

我又斷斷續續哭了幾個月，然後決定寫下這本書。

願房思琪與李翊姍的傷痛，都能被妥善照料，逐漸被淨化成不帶致癌物的清澈水源，繼續灌溉未來的人生。

④替代性創傷是一種同理心帶來的創傷。這類的患者沒有真的體驗創傷，像是性侵、家暴、貧窮、戰爭、霸凌、自殺等。但藉由親眼目睹、看報導、聽廣播、他人轉述等方式得知這些訊息，因為同理受害者，也出現了創傷反應。

——引自《周末心理話》「替代性創傷：同理心可能會讓自己受傷」

（三）

「還能悲傷，是件好事喔！」

曾經有人這麼跟我說過。我心想，這人怎麼這麼沒同理心，沒看到我難過到要跳愛河自盡了嗎？

「妳會悲傷，表示心還沒死，還可以感受。」

「能陪我聊聊嗎？」

我坐在咖啡廳裡整理隔天的演講資料，許久不見的P傳了訊息過來。

我們是一年只會聚首一兩次的點頭之交，見面也只是談談工作、學習上的進展，鮮少談及感情層面的事情。平常看似積極正向的他，更不曾如今日一般透露出脆弱的一面。

「我不知道該怎麼說……對不起，我好沒邏輯，沒辦法聚焦一個主軸。」

電話那頭傳來哽咽的聲音，聲符像遇上地震的水晶吊燈在空氣中來回搖擺，發出鏗鏗鏘鏘的聲音。

「沒關係，想到什麼就先說什麼吧！」

他像是一只淤塞已久的水龍頭，水柱忽然暢通之後，一鼓作氣地宣泄出來，不斷發出詰問：「她為什麼可以這麼義正詞嚴？說得好像她全是對的，都是我的錯？」

「曖昧跟好朋友到底差別在哪裡？」

「為什麼我做了這麼多，她還是不愛我？」

「我現在覺得好丟臉啊……」

「過去的經驗都無法回答我現在產生的困擾，我該怎麼辦，是不是沒辦法再經營感情了？」

我好像看見三年前的自己，站在車水馬龍的路口哭泣。只是當年的我，沒有人可以問這些問題。

看著他，我心想：原來男生也會為了這些事情傷心、困擾啊！（請原諒我有這種想法，畢竟被太多渣男傷害過之後，實在難以相信這個世界上還有善良與和我同病相憐的男性。總之，人渣與性別無關，端看個人作為。）

在回答他之前，我深呼吸了一口氣，吐納之間，穩定自己的情緒。雖然對於種種受挫的情感，至今仍生根在身體的某處，像遇上雨天的風濕，偶爾會隱隱作痛，但在這一刻，我仍感謝命運，讓我成長不少，終究三折肱而成良醫，成了一個擺渡人。

曾經，我天真地以為，只要搞懂人的行為、思想是如何運作的——也就是心理學研究的範疇——我就能改變自己的個性、外顯行為，進而整飭他人對我的觀感跟喜好程度，變成一個萬人迷，甚至，讓我心心念念的對象愛上我。我不斷地在現實生活中拿自己做實驗，卻一再失敗，不但累積罄竹難書的失敗情史，也使數不清的好朋友因此變成敵人（與人相處好難啊）。

讀了一大堆的愛情心理學理論並對自己感到無比唾棄與無力之後，某一天像是頓悟的「啊哈」時刻出現了：所有的理論皆由實驗結果而來，在實驗室中我們可以控制我們想排除的變項，去檢驗自己的假設，甚至，連受試者的性格都可以透過量表事先篩選，但現實人生不是這樣。每一個我們在生命裡遇到的人，都是如此獨特，不同的個性、不同的成長經歷、不同的價值觀、不同的時間點相遇、不同的相處機會，這些，都不同於實驗室裡的受試者，無法操弄。

無法操弄，也就無法強求。

「妳無法強迫事情永遠依照妳的期待進行，這就是人生。」

「雖然很難受，但學會接受與適應『預期之外的事情』也是一種成長。」幾年前的某一天，在諮商室的沙發上聽見心理師說出這兩句話，宛如兩記火辣辣的巴掌，打碎了我薄得像紙的自尊。

「現實是如此的殘酷啊！」那些看似俗濫的人生格言，在自己確確實實體會到的那一刻，還是覺得如此羞愧。

我想到那天在港邊散步，P興高采烈地告訴我，一個朋友教他「如何辨識一個女孩是否喜歡自己」的方法。

「如果兩個人並排走，女生的身體微微傾斜向自己，就表示她對你有意思。」他說，然後胸有成竹地認定自己再過不久就能與愛人相擁了。

雖然我對於這般無稽的理論十分不屑，但沒看過這樣的研究，也無法證明它一定錯誤。如果是人類的潛意識真的會造成這種行為，而當事人本身沒有察覺呢？也不是完全沒有這種可能。思想遊走至此，我便立即驚覺的調整自己的姿態，生怕P誤會我對他有愛慕之意（脊椎側彎不是我故意的啊……）。

我們無法強迫對方，也無法操弄對方的心智讓他愛上自己，唯一能做的，僅只是在不造成對方困擾、不傷害對方的情況下，盡力去愛，無愧於心而已。

讀了六年的心理學，多麼希望從中獲得對於愛情的解答，最後卻不勝唏噓，自己終究得出「得之我幸，不得我命」的結論。

「其實，在成為情人之前的『好朋友狀態』和純友誼的『好朋友狀態』可能沒有太大差別。」

我思考了一下，跟P說了這句話。

告白只是「確認關係」的一個步驟而已，也就是確認彼此對對方的感覺、對這段關係的認知「是否一致」。有人「告白」——也就是直白地和對方討論這段關係之後，變成情侶（雙方都想交往）或者沒有變成情侶（一方認為是愛情，一方認為只是朋友或是有好感的熟人，總之，是認知不一致的情況）。

如同工作面試，是面試官與受雇者雙方站在平等的地位，確認彼此對於工作能力、工作職責、薪資等等的認知是否有一致，以及願不願意接受這份契約。沒有在一起、被拒絕，不代表自己是不好的、被丟棄的，只是討論之後發現「彼此認知不同」或是「不像想像中適合」罷了。

一段感情的經營，除了激情之愛，還有好多要顧及（承諾、親密感；年歲再增長之後，柴米油鹽成了必要之惡）。告白，也是在向彼此確認是否簽下這紙無形的契約，願意好好經營這段關係（不只「喜歡與否」，還有該如何「共同生活」）。

當你真的可以不卑不亢地向對方述說自己的情感，在被拒絕之後，才能好好當朋友（對方才不會怕你糾纏不清，或懷疑你／妳是恐怖情人，搞得自己不得安寧，而逃地遠遠地）。

「我無法回答你日後要怎麼跟她相處這件事，當朋友、不聯絡、繼續追求……這些，都只有你自己能決定。我只能懇求你，不要傷害她，也不要傷害你自己。」

即便如此，單戀被拒還是會很難過的（拍拍）。

「你還是可以生她的氣，可以好好哭一場，看場電影，聽首歌，吃些好吃的甜點，宣泄你的情緒……悲傷的想法就像有黏性的灰塵團喔，一個不注意就會吸取更多負面想法到你的腦袋裡，淤塞在那裡面喔！」

「那我該怎麼辦？具體該怎麼做？」

「情緒釋放完之後，可以試著做自己平常沒做過的事情，會發現一些平常沒有注意到的部分。像是我平常去書店只會看文學、心理勵志跟旅遊書三類，但失戀的時候我會去看烹飪書、手工藝的書，會突然發現『竟然有人這樣生活、這樣思考啊！』然後就會發現自己挺好笑的，這些人跟想法一直都存在，只是因為我依循自己習慣的方式生活，而忽視了他們（這就是注意力是有限、有偏誤的特徵）。或是，也能去體驗看看差異更大的事情，比如去參加救國團的登山活動、去國外當背包客、去沙發衝浪申請當房東接待外國人……」

總之，感情不是能刻意強求的東西（雖然愛到卡慘死，想破頭也想努力一搏）。也許人會被寂寞吞噬，想要有個伴。產生這種情緒很正常，無需忽視或否認你真實的感受與需求（想要被愛、想要有男女朋友、想要結婚，這一點都不愚蠢）。但找個伴侶不像買包買鞋、養貓養狗，我單方面決定、能負擔得起就好。在理想的伴侶出現之前，也許會有段難熬的日子，但至少，記得好好照顧自己（真的受不了寂寞，養個寵物也不錯。喵喵喵）。

「那……我可以問最後一個問題嗎？」

「好，你說。」

「那你為什麼要幫我？聽我說話？」

也許，是基於我被幫助過的理由，所以我必須擺渡其他人。

也許，我害怕自己未來又會遇上災禍，想先積陰德。

也許，就是因為你是我朋友，我希望你過得好好的。

（四）

獻給李翊姍：

雖然明知道受害者不該自責，才能好好從傷痛中走出來，否則就中了惡人的下懷，他逍遙自在，自己卻憂鬱難耐。可是啊，我們活在一個提倡「自我反省是美德」的社會，長在性觀念保守的家庭、逐漸解放的社會，彷彿一種罪。即使我說「妳真的沒有錯喔！」八成會被妳當成垃圾話。還是要講：「親愛的，不原諒傷害妳的人並不是罪惡。」

致謝

隨著新書的出版日逼近，我越顯得不安與焦慮，不斷發現自己在諮商、法律及性別領域上知識的不足。

創作這本書於我是相當艱難的任務，除了大量文獻整理與分析工作要完成之外，書寫期間不斷得面臨價值觀重塑、無以名狀的痛楚，使我經常陷入難以恢復的低潮之中，深恐一不小心就跌入別人的夢，再也醒不過來。

什麼是對的、什麼是錯的？

什麼是應該的、什麼是不應該的？

這些問題，沒有標準答案。每個人的價值觀都是有差異的，又豈能以自己的標準套用在他人身上呢？自以為的正義，許多時候只是無自覺的傲慢。在法律允許的情況下，每個人都有權選擇自己的生活，當然，包含性生活。另外，在不同的脈絡下（不同的文化、時空、個人的成長經歷……）亦會產生不同詮釋。

既然自詡要創作一本陪伴讀者療傷以及與大眾對話的書籍，就得不斷地切換立場、進入他人的現象場去思考與共情，這點是艱難的，也是痛苦的。但同時，也讓我不得不再次承認自己的侷限性。

我不是完美的人，這本書也不是無瑕之作。

我只能說，我盡力讓這本書所擺放的知識能幫助翻開書的妳／你，也小心翼翼地檢視每個句子不要傷害到脆弱敏感的你們。

感謝離憂膜衣錠、贊安諾，陪我度過夢魘來襲的黑夜。

感謝記憶的碎片和咖啡因，陪我度過靈感枯竭的白天。

感謝臭豆腐跟泡菜，除了要罐罐之外，還會唱喵喵喵之歌。

感謝張瑋哲、林詩詠、謝采芳、洪群甯、藍偉任、邱嘉豪、蔡皓曦，給予情感支持。

感謝心理師留佩萱、成功大學行為醫學研究所戴文、心理師李儁怡、彰化師範大學輔導與諮商研究所張祝賢、輔仁大學心理所陳冠志、國立臺北教育大學讀心理與諮商所鄭伊婷，提供專業協助。

感謝編輯曉雯及敬雅陪我從頭開始討論這本書的創作，像接力賽一般的完成它，否則應該再難產十年也無法產出吧！（笑）也謝謝美編鄭婷之，替這則故事設計了合適的「臉」，還縱容我的任性，幫我在內頁添加相稱的製圖，補足我在文字描繪上不夠深刻之處。

感謝自己，又成長了一些。

也謝謝妳／你，閱讀至此。

因為妳／你的參與，這本書才真正完成。

國家圖書館出版品預行編目資料

刺蝟女孩：為什麼痛的是我？/ 張閔筑作 . -- 初版 . --
臺北市：三采文化，2018.12
面；　公分 . --（iREAD；110）

ISBN 978-957-658-089-5(平裝)

544.7　　107019103

suncolor 三采文化集團

iREAD110

刺蝟女孩：為什麼痛的是我？

作者｜張閔筑
副總編輯｜王曉雯　責任編輯｜徐敬雅　校對｜呂佳真
美術主編｜藍秀婷　封面設計｜鄭婷之　美術編輯｜鄭婷之　內頁排版｜徐美玲

發行人｜張輝明　總編輯｜曾雅青　發行所｜三采文化股份有限公司
地址｜台北市內湖區瑞光路 513 巷 33 號 8 樓
傳訊｜TEL:8797-1234　FAX:8797-1688　網址｜www.suncolor.com.tw
郵政劃撥｜帳號：14319060　戶名：三采文化股份有限公司
本版發行｜2018 年 12 月 7 日　定價｜NT$330